The Japanese map which was cursed

呪われた日本地図

怪奇ミステリー研究会

彩図社

まえがき

この世でもっとも恐ろしいもの、それは「人間」である。

人を憎み、裏切ったかと思えば、命さえ平気で奪う。自分が死ぬ側になれば、何代も先まで敵をたたる。これほど残酷で執念深い生き物は人間だけだ。

過去を振り返ってみれば、それがよくわかる。人間の憎しみや恨み、あるいは欲望や野心のために引き起こされた争いは、数えあげればきりがない。古くは源氏と平氏の戦いや、天下分け目の関ヶ原の戦いなど、何千人、何万人があっという間に命を落とすような戦乱が多かったことは歴史が物語っている。

いまでこそ、そのような大規模な争いはなくなったが、かわりにひとりの人間が起こす事件が増えている。**地位や欲望のために他人を殺すことは、現在でも平然とおこなわれているのである。**

さらに最近では、自分で自分を殺すというケースも多い。華厳の滝や富士山の樹海などは、死者の数が積もり積もって、いまや「自殺の名所」と呼ばれるようになっている。死んだ者はなお新しい死者を求め、もはや生きた人間が足を踏み入れにくい場所になってしまった。

人は簡単に鬼になれる。平将門や崇徳天皇など、英雄や天皇でさえ、恨みのために悪鬼になった。カッパや化け猫などのつくり話のような逸話の中にさえ、かつて人間が起こした恐ろしい事件の一面が垣間見えることがあるほどだ。

これらの出来事が起こった現場に足を運んだり、史実を深く探ったりしてみると、そこには教科書にはけっして書かれることのない人間の欲望が渦巻いていることがわかる。

歴史の裏側をのぞきこんで、想像もしていなかった事実に驚く人もいるに違いない。本書ではそんな呪われた場所を紹介している。ページをめくるごとに、読者は恐怖に震えることだろう。これはまさに、人間のありのままの業を伝える〝呪いの地図〟である。

もし機会があれば、これらの土地を実際に訪れてみていただきたい。人間というものの悲しさ、残酷さ、そして奥深さを感じずにはいられないだろう。

ただし、**現場で騒ぎすぎて、眠っている〝何か〟を起こしてしまわないよう、十分に注意してほしい。**

2015年3月

怪奇ミステリー研究会

呪いの日本地図

本書で取り上げた場所に★をつけてあります

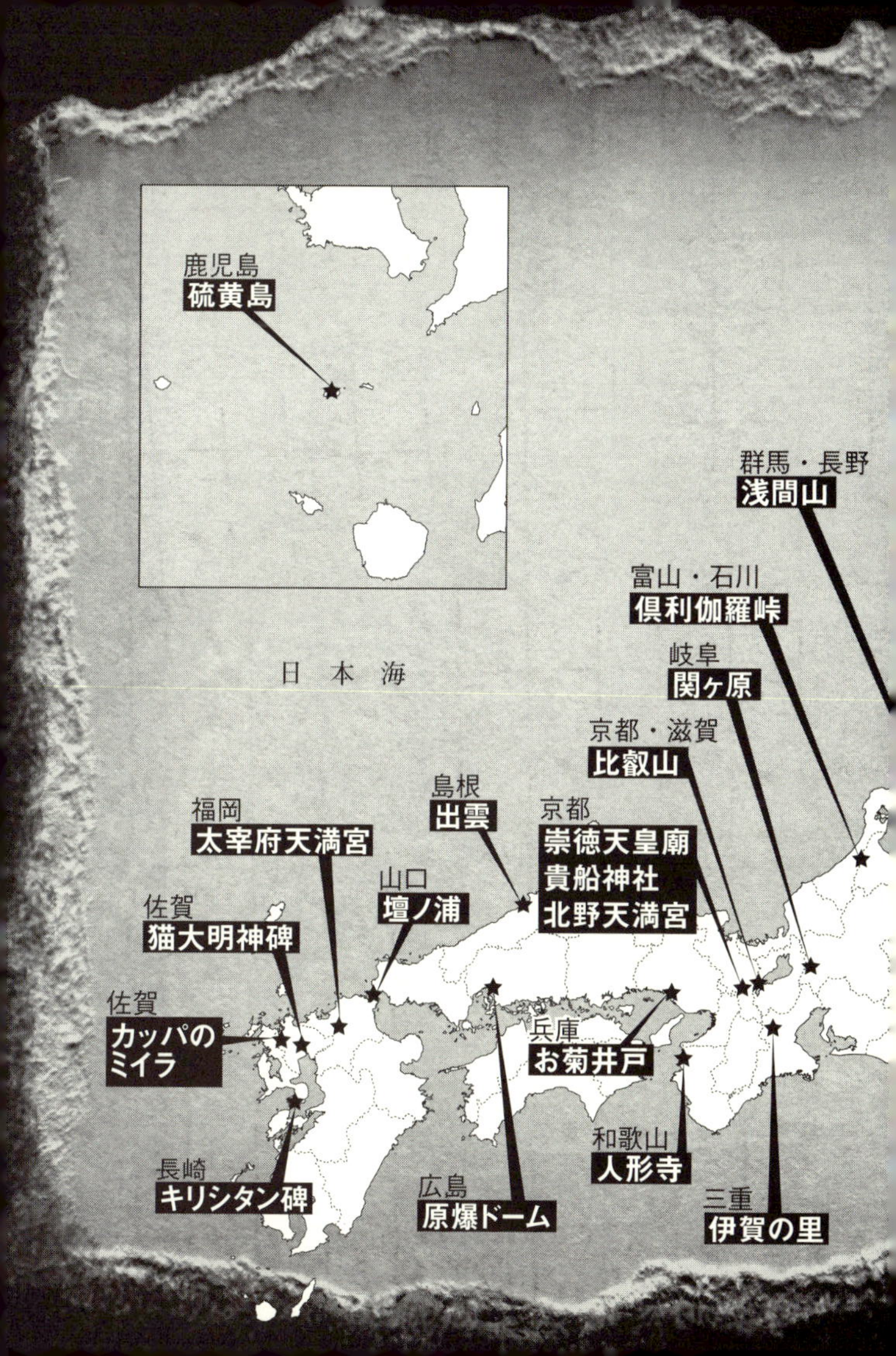

鹿児島
硫黄島
群馬・長野
浅間山
富山・石川
倶利伽羅峠
日本海
岐阜
関ヶ原
京都・滋賀
比叡山
島根
出雲
京都
崇徳天皇廟
貴船神社
北野天満宮
福岡
太宰府天満宮
山口
壇ノ浦
佐賀
猫大明神碑
佐賀
カッパのミイラ
兵庫
お菊井戸
和歌山
人形寺
長崎
キリシタン碑
広島
原爆ドーム
三重
伊賀の里

一章　人の命を奪った場所

いまも投身自殺が後を絶たない華厳の滝（栃木県）　14
観光地になっている自殺の名所／最初の自殺者は16歳の少年だった／少年の「哲学的」な自殺／いまもひそかに増え続ける自殺者

死者だけが知る樹海の闇の向こう（静岡県・山梨県）　21
大噴火に逃げまどう人々／樹海が死を誘うわけ／「富士」は「不死」

人柱が埋まっている富士川の堤防（静岡県）　28
静かに流れる川のおそろしい過去／むずかしい工事に必要だった人柱／埋められた僧が持っていた鈴の音

199人の死者を出した死の雪山・八甲田山（青森県）　35
冬の東北で起きた過去最大の悲劇／猛吹雪に襲われた210人／雪の中をさまよう死の行軍／立ったまま気を失っていた伍長

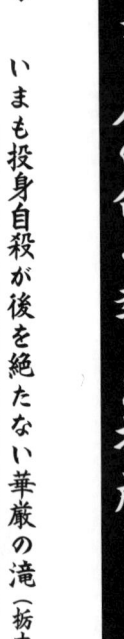

【呪われた日本地図】
もくじ

かつて自殺ブームがあった三原山（東京都） 43
76年前に起こった奇妙なブーム／三原山の火口に身を投げた少女／友人の自殺を2度も見届ける／どんどん増えていった自殺志願者

日本の歴史を変えた大決戦の地・関ヶ原（岐阜県） 49
関ヶ原の合戦の舞台となった町／天下取りのための家康の計略／なかなか決まらない勝敗のゆくえ／勝敗を決めた小早川の寝返り

何度も惨劇の舞台になった旧首相官邸（東京都） 56
血塗られた過去を持つ政治の中枢／犬養首相の暗殺／2・26事件の流血／旧官邸にまつわる怪談話

いまだ傷が癒えない原爆投下の地（広島県） 63
平和な朝に訪れた地獄絵図／強烈な熱風とすさまじい火事嵐／目に見えない恐怖・放射線／奇跡の復興といまも続く被害

二章　たたる者がひそむ場所

怪談・播州皿屋敷のもとになった実話（兵庫県）　72
井戸のそばで皿を数える幽霊／じつはスパイだったお菊／いまも伝えられるお菊の悲話

史上最強の怨霊・崇徳帝の呪いの数々（京都府）　78
日本最強の怨霊はかつての天皇／密通で生まれた子／棺からあふれた真っ赤な血／平氏を滅ぼしたすさまじい恨み

お岩さんがまつられているふたつの神社（東京都）　85
お岩さんの稲荷はふたつある／怪談のもとになったおそろしい実話／真・お岩さんの一生／ふたつの稲荷の長くて深い確執

エリートから怨霊へ　菅原道真の恨み（福岡県）　93
政争ですべてを失った超エリート／たたりが次々と人の命を奪っていく／左遷が撤回されて神様になる

【呪われた日本地図】もくじ

東京のど真ん中にある将門の首塚（東京都）
「新皇」として兵をあげた将門／怨霊となって大暴れする／GHQさえ動かせなかった首塚
99

三章 人の恨みが集まる場所

呪いのわら人形が集まる神社（京都府）
美しい神社の裏の顔／はじまりは恋の恨み／鬼になるための秘密の儀式
108

信長にみな殺しにされた伊賀の人々（三重県）
いまもひっそり残る伊賀衆のなごり／信長を激怒させた信雄の失敗／血祭りにあげられた伊賀の人々／信長が伊賀を狙ったわけ
115

平家の人々の無念がいまも残る壇ノ浦（山口県）
源氏対平家の最後の舞台／追い詰められる平家／平家の人々をすべて飲みこんだ海／義経の奇策で勝敗が決まる
122

キリシタン1万人の首が飛んだ大虐殺（長崎県）
きびしい年貢とキリシタンへの迫害／一揆の大将は16才の少年／幕府の総攻撃で皆殺しにされる／数多くの人骨と小さな十字架
129

数千人の僧侶たちが殺された比叡山（京都府・滋賀県）
比叡山のあかりが消えた日／信長にとってめざわりだった寺／容赦なく殺された僧侶たち／逃げた僧侶たちと比叡山の復興
137

7万人が谷底へ消えた倶利伽羅峠（富山県・石川県）
難所・倶利伽羅峠／圧倒的に不利だった木曾軍／がけを転がり落ちていく平家軍／生き残ったのは半分以下
144

餓えと噴火の衝撃・天明の大飢饉（関東・東北地方）
死者30万人の大飢饉／江戸をおそった浅間山の大噴火／飢えた人が人肉を口にする
151

常紋トンネルから聞こえる人の声（北海道）
北の果てにあるトンネルの過去／トンネルにまつわる有名な怪談／一度入ったら二度と出られない／スコップで殴り殺される脱走者／地震で出てきた人骨
158

【呪われた日本地図】
もくじ

四章 伝説が息づく場所

死者の声が聞ける霊場・恐山（青森県） 168
本島最北にある異界への入り口／魂の行きつく場所／イタコは神様

けがれた都市・江戸を封じた大結界（東京都） 173
人々に嫌われていた江戸／家康の敵を呪い殺した僧／鬼は北東から来る／京都との奇妙な共通点／江戸を守るのは将軍たちのミイラ／いまも上野に残る天海の影

罪人に用意された地獄・鬼界ヶ島（鹿児島県） 182
海の果てに浮かぶ地獄の島／古典のなかの残酷物語／「俺を置いていかないでくれ」／断食の末のすさまじい最期／俊寛の怨念がのりうつった舞台

神話に隠された出雲の国の真実（島根県） 191
数多くの神話が残る土地／国譲り神話に秘められた逸話／大和による出雲の政権平定の物語か／いまも残る神話のなごり

人の恨みが猫に移った化け猫騒動（佐賀県） 197
塚に彫られた化け猫の謎／主人の首をくわえて持ち帰る／猫を殺した家の人間もたたられた／化け猫より恐い人間の執着心

捨てられた人形が集まる人形寺（和歌山県・北海道） 203
何万体もの人形を供養する寺／人形は人に害をなすものではない／お菊人形にまつわる悲しい過去

カッパは実在する？　証拠のミイラたち（佐賀県・福岡県） 209
善と悪の両面を持つカッパ／カッパのミイラ？／菅原道真を助けたカッパの伝説／カッパは人間を川に引きずりこむ？

第一章

人の命を奪った場所

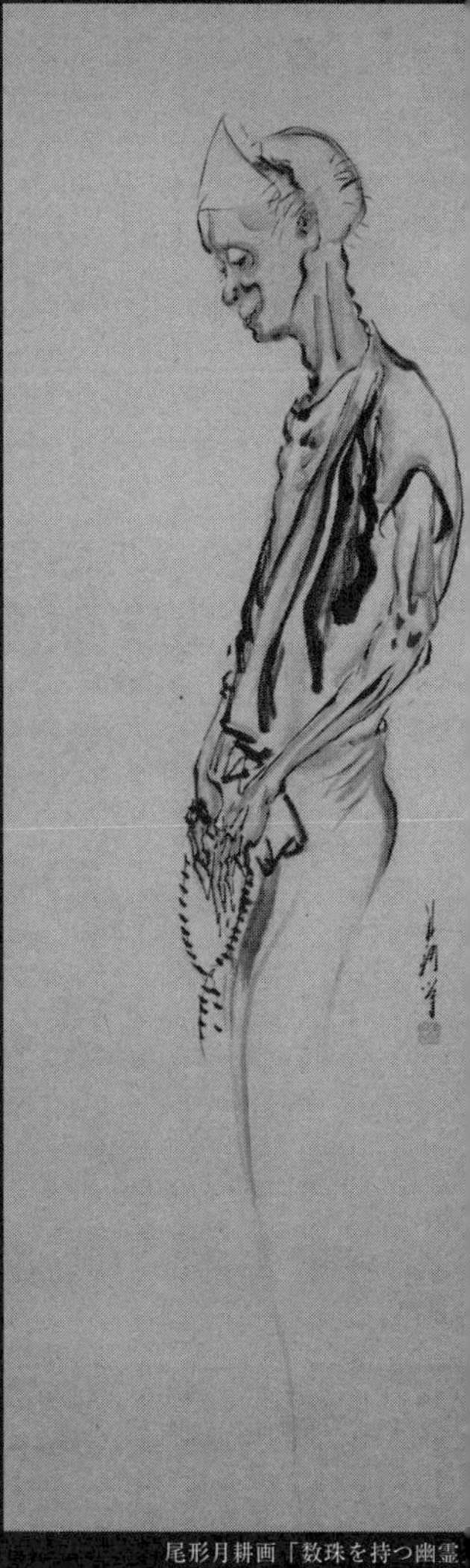

尾形月耕画「数珠を持つ幽霊」

いまも投身自殺が後を絶たない華厳の滝

【栃木県日光市】

◆観光地になっている自殺の名所

ＪＲ日光駅からバスで45分ほど揺られていくと、中禅寺湖や華厳の滝など、奥日光の中でもとくに名高い観光名所が集まっている場所にたどり着く。

栃木県の奥日光は、日光国立公園の一部として知られており、湖、滝、湿原、さまざまな植物など、豊かな自然に囲まれた景色の美しい土地だ。

この地を代表する名所、華厳《けごん》の滝を訪れたことのある人も少なくないだろう。日本三

華厳の滝

大名瀑《めいばく》（滝）のひとつに数えられる華厳の滝は、高さが約100メートル、幅は約7メートルという巨大なものだ。中禅寺湖から流れ出た清水が、ごうごうという音をたてながら切り立った岩壁をほぼ垂直に落ちていくさまは、恐ろしいほどの迫力に満ちていて、見る者を圧倒する。

また、滝の上に位置する無料の観瀑台に上れば、滝を上部から見下ろすことも可能だ。一方、有料のエレベーターを使ってたどり着くことができる観瀑台では、正面から雄大な滝の様子を楽しむことができるため、常に観光客で賑わっている。

このように華厳の滝は人気観光スポットのひとつには間違いないのだが、かつてまったく違った意味合いで話題になった時期があった。それは**「自殺の名所」**としてだ。じつはこの勇壮な滝は、**多くの若者の命を飲み込んでいた**のである。

◆最初の自殺者は16歳の少年だった

発端はひとりの少年の死だった。当時、第一高等学校哲学科1年だった藤村操が、華厳の滝に身を投じて命を絶ったのである。

１９０３年5月21日、制服に身を包んだ藤村はふだんと変わらぬ様子で、「学校へ行く」と、家を出た。

しかし、彼が向かったのは上野駅だ。そのまま午前9時発の列車に乗り、午後3時ごろ日光に到着する。その日は市街の小西旅館に投宿し、部屋にこもって家族や友人に宛てたハガキを何通もしたためた。

藤村が到着したのは、現在のJR日光駅だが、当時の面影は現在の駅舎には残っていない。小西旅館は現存してはいるものの、こちらも改築されているため、様子はまったく変わっている。

藤村操（左）と、東京都青山霊園の石碑（右）。「藤村操君絶命辞」と書かれている。

翌朝、午前5時ごろに起床した藤村はビールを少々と卵を食べ、宿をあとにした。そして、昨日書いたハガキを投函したあと、人力車に乗って馬返しという場所まで行くのである。

そこから先は徒歩だ。いまでこそ「いろは坂」があり、車で簡単に登れてしまう場所だが、当時はもちろんそんな道路はない。細い山道を登った藤村はやがて華厳の滝にたどり着き、そこから**滝壺めがけて身を躍らせた**。

ちょうどそのころのことだ。学校へ行くといったきり、翌日になっても戻らない息子を心配した母が彼の部屋を調べていた。すると、机の引き出しから7枚の半紙を収めた桐箱を見つけたのである。半紙には、家族や友人に分ける記念の品や返却する本などについて書かれていた。

仰天した母は心当たりを片っ端から当たってみたが、藤村の行方は依然として知れない。その夜の8時ごろ、彼が日光から投函したハガキが届いて、ようやく居場所が判明したのである。翌日、親類が現場へと駆けつけたが、必死の捜索にもかかわらず彼の遺体は見つからなかった。

◆少年の「哲学的」な自殺

これだけなら、無名の少年の死としてそれほどセンセーショナルな話題にはならなかっただろう。

しかし、彼が死の直前に木の皮をはいで書いた、「巌頭之感」と題する遺書が注目を集めたのだ。

5月26日に第一報が報じられると、次々に事件の詳細が伝えられた。なんといっても、**少年が哲学的な苦悩の末に死を選んだ**ということが世間を大きく揺るがせた。藤村は18

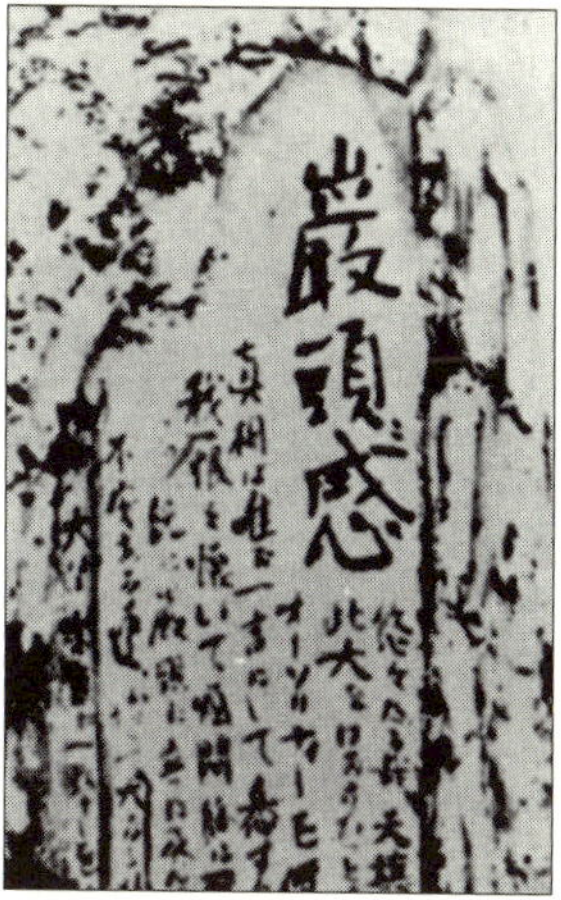

藤村操が残した「巌頭之感」の一部。内容は以下のとおり。
「悠々たる哉天壌、遼々たる哉古今、五尺の小躯を以て此大をなからむとす。ホレーショの哲学竟に何等のオーソリチィーを価するものぞ。万有の真相は唯一言にして悉す、曰く「不可解」。我この恨を懐いて煩悶終に死を決するに至る。既に巌頭に立つに及んで、胸中何等の不安あるなし。始めて知る大なる悲観は大なる楽観に一致するを」

歳と報じられたが、これは数えの年齢で、実際は16歳と10ヵ月の少年だったのだ。

新聞記者で文学者でもあった黒岩涙香《るいこう》は、「少年哲学者を弔す」と題した追悼文を自身が主催する「萬朝報《よろずちょうほう》」に掲載し、藤村の死を悼んでいる。

自殺という行為に対して世論は賛否両論だったが、とくに若者には大きなショックを与えた。そして、藤村のあとを追うように、華厳の滝での投身自殺が続発したのだ。

あまりの多さに手を焼いた地元警察は、滝の付近に柵を張り巡らせて近づくことができないようにしたが、後追いはやまなかった。その数は以後の4年間で、未遂まで含めると160人にものぼったという。

◆いまもひそかに増え続ける自殺者

藤村の遺体が発見されたのは、7月3日になってからのことだ。40日以上も水に浸かっていた彼の身体からは強烈な腐敗臭が漂い、髪はすべて抜け落ちて肌は灰色に変色し、顔形の判別も難しい状態であったという。

遺体が長いこと見つからなかったため、事件直後から「藤村生存説」が飛び交っていたが、発見されてもなお、その説は消えなかった。すなわち、遺体の損傷がひどく本人と確認できていないのではないか、多くの後追い自殺者がいたのだから別人なのではないか、というわけである。

じつは、現在でも年間に数人は華厳の滝に身を投げる者がいるらしい。世間への影響を考えて、あえて警察は発表をしないようにしているという。

楽しく笑いながら行き交う観光客とは対照的に、暗い闇を抱えてここを訪れる人間がいることを思うと、どことなく背筋が寒くなるのを禁じえないのである。

死者だけが知る樹海の闇の向こう

【静岡県・山梨県】

◆大噴火に逃げまどう人々

静岡県と山梨県にまたがり、日本を代表する山として２０１３年６月に世界文化遺産に登録された富士山。

全国各地に「富士見町」や「富士見坂」といった地名が残ることから、昔から人々にどれだけ愛されてきたかがうかがえる。

そして、『小倉百人一首』の有名な一句「田子の浦にうち出でて見れば白たへの富士の高嶺に雪は降りつつ」や、北斎の『富嶽三十六景』、太宰治の『富嶽百景』など、さまざまな作品にも数多く登場しており、その美しく雄大な姿は、もはや説明はいらないだろう。

季節によってさまざまな顔を見せる山として、多くの登山家だけでなく一般の観光客も訪れる。最近では都心から5合目までの直行バスが出ているほど、気軽に足を運ぶことができるようになった。

その一方で、見る者を圧倒する巨大さ、強大さを人々は畏怖し、古くから「霊峰」として敬い、崇めてきた。活火山として噴火を繰り返してきた富士山はひとたび噴火すれば、流れ出る灼熱のマグマが野山を焼き、**人々は逃げまどい、山の怒りが鎮まるのをひたすら祈るしかなかった**からだ。

現在、発表されているハザードマップ（火山災害予測図）では、噴火時は富士山周辺の富士宮市、御殿場市などがほんの数時間で溶岩流に飲み込まれ、流れ続ける溶岩流はついには20キロ以上離れた駿河湾にまでも到達、多くの犠牲者を出すという恐ろしい予測が淡々と報告されている。火山灰は、東京の都心部はおろか、遠く千葉の太平洋沿岸まで届くというのだ。

樹海（写真：保育士あきら）

◆樹海が死を誘うわけ

富士山の北麗には、東西8キロ、南北6キロにわたって、約3000ヘクタールにも及ぶ「青木ヶ原樹海」が広がっている。平安時代の864年の噴火でできた不気味に黒い溶岩台地の上に、うっそうと木が生い茂っている原生林だ。

足元に広がる溶岩がわずかな磁気を帯びているため、コンパスが正しい方向を指さないことからも、「一度入ると二度と出てくることができない」と、地元の人ですら恐れている。別名**「自殺の名所」**といわれ、服毒自殺や首つり自殺など、その数は**毎年**

100件以上にものぼり、樹海でみずからの命を絶つ自殺者はあとを絶たない。

「青木ヶ原樹海」が自殺の名所となったきっかけは、松本清張のベストセラー『波の塔』ともいわれているが、真意のほどは定かではない。

行き先のない不倫の果てにヒロインの頼子は、富士を望むユースホステルにたどり着くと、最後のコーヒータイムを楽しむ。そして、用意してきた薬物をハンドバッグから取り出し、「頼子は、水をのんだ。それから、ゆっくりと、その粒の数を三回に分けて口に入れた」。

その後、みずからの足で樹海の中に消えていく。衝撃のストーリーはテレビドラマ化もされ、人々に「樹海」の恐ろしさを印象づけることとなった。このヒロインのように、樹海では服毒自殺によって命を絶とうとする者は多い。それも、苦しみを味わうことなく死んでいくことができる、大量の睡眠薬によるものだ。

服毒自殺者は決まって、缶ジュースやペットボトルを手に樹海に入るという。薬を流し込むための、まさに**「死に水」**である。人知れず死を望む自殺志願者たちは樹海近くの自動販売機で飲み物を買う。この世の最後に口にする飲み物を、どんな思いで選ぶのだろうか。

樹海に残された「立入禁止」のロープ（写真：保育士あきら）

「ガタン……」と、樹海に響く自動販売機の音。出てきた飲み物を手に、人々は樹海へと消えていくのだ。

ちなみに、警察庁発表の２０１３年自殺統計でも、青木ヶ原樹海のある山梨県は７年連続で**自殺死亡率ワースト１位**になっている。

リストラ、倒産と不況の荒波の中で行き場を失い、みずから命を絶とうとする者にとって、深くて高い木々に囲まれ、昼でも薄暗いこの広大な森をこの世の最期の場所として選ぶのは、当然といえば当然かもしれない。

毎年、地元警察による行方不明者の一斉捜索もおこなわれているが、発見される死体の多くが原形をとどめておらず、腕、足、ときには頭部だけと、バラバラの状態で見つかるという。

誰にも発見されず放置された死体は、腐敗し、白骨化して、野生動物たちに無残にも食い散らかされてしまうからだ。

身元不明死体の情報を集めるため、地元の山梨県警ではその遺留品をホームページなどでも公開している。

泥にまみれた衣類や、履き古した靴。二度と電源の入ることのない携帯電話。物いわぬ遺留品だけが、持ち主がもだえ苦しみ、息絶えていくその一部始終に立ち会ったのだろう。もちろん、そのほとんどは遺族の元に帰ることはない。

◆「富士」は「不死」

ところで、富士山の名前の由来にもミステリアスな説がさまざまある。かぐや姫でおなじみの『竹取物語』の一説にもその神秘性を垣間見ることができる。

月に帰ったかぐや姫が残していった不老不死の薬を、「愛するお前のいないこの世で、

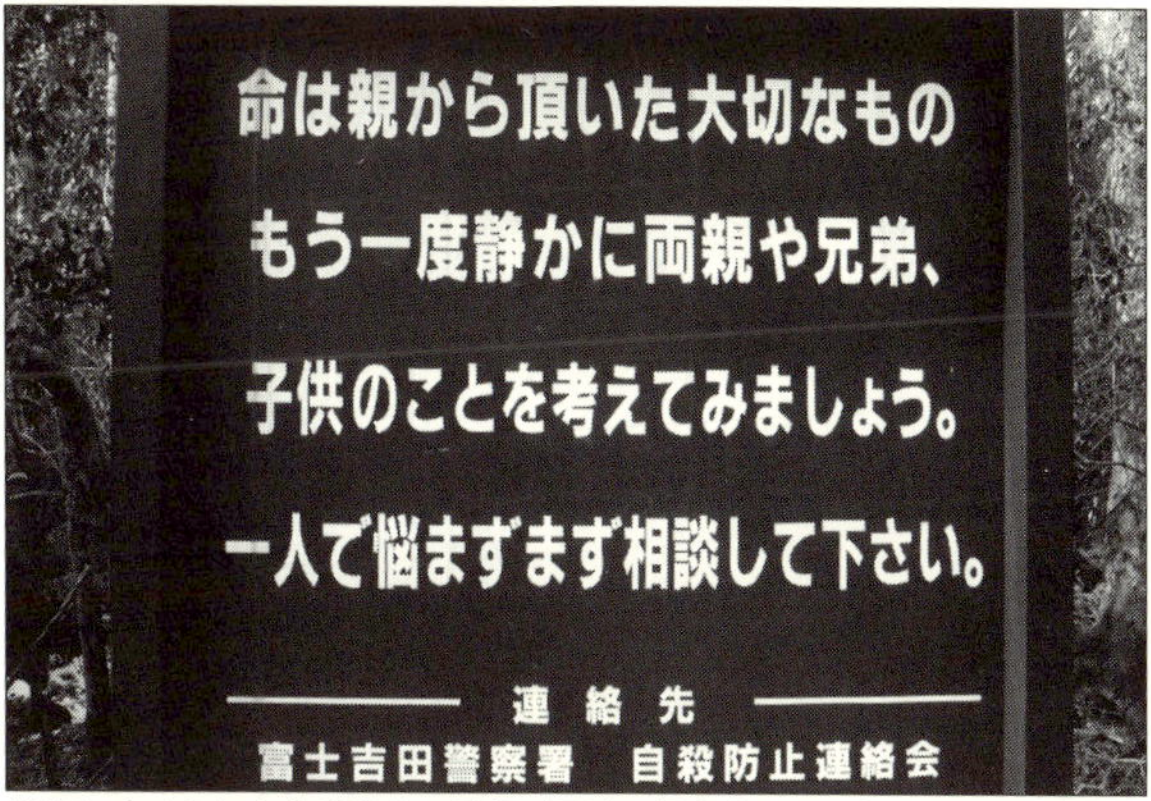

樹海に立てられた自殺防止の看板（写真：保育士あきら）

いくら不老不死となろうとも意味はない」と、失意に暮れる帝が薬を燃やした場所こそ、ほかでもない富士山の頂上だったのだ。不老不死の山で**「不死《ふじ》」**と名が付いたのだが、その名にもやはり死の香りが漂うのは、単なる偶然とは思えないのである。

1707年の噴火を最後に火山活動を休止し、平静をよそおっているかのように見える富士山だが、麓に広がる「樹海」では今日もまた自殺者がさまよい、地底深くでは依然としてマグマが活発な活動を続けている。

日本を代表する山の死に彩られた闇は、富士山で命を絶った者だけが知っているのかもしれない。

人柱が埋まっている富士川の堤防

【静岡県富士市】

◆静かに流れる川のおそろしい過去

静岡県の富士平野を富士川という川が流れている。富士市の岩本山という小高い山に登ってこの川の方向を眺めると、その左岸に三角形をいくつも連ねたような堤防が続いているのがわかる。

江戸時代以前、富士川の下流は現在よりもやや東に流れていた。しかし当時は頻繁に洪水が起こり、川の周囲に大きな被害をもたらしていた。

現在の富士川の堤防の様子。きれいに整備され、人々たちのいこいの場となっている。(写真：岡井敏博)

そこで江戸時代になり、古郡《ふるごおり》氏という土地の実力者が富士川に堤防を築こうと考える。それは三代にわたる大きな事業となった。

無数の雁《かり》が群れをなして飛んでいくときの姿に似ていることから、昔から「雁堤《かりがねづつみ》」と呼ばれてきたこの堤防が造られるまでには、数多くの苦労と人々の努力があったといわれる。

とくに、ひとつの伝説として残っている**雁堤の悲劇**については、いまも神社に碑が残され、人々の記憶から消え去ることはない。

いったい、どんな出来事が起こったのだろうか。

◆むずかしい工事に必要だった人柱

まず工事に着手したのは、初代の古郡重高という人物だった。

重高は、岩本山の裾に突堤をつくる。「一番出し」「二番出し」と呼ばれたそれらは、川の流れを変え、勢いを弱めるのに効果を発揮したが、しかしまだ十分ではなかった。

父親の意志を引き継いだ子の重政は、1627年に代官となり、新田開発を強力に推し進めるために本格的な堤防の建設に着手した。そして1639年には約1500メートルにも及ぶ堤防が完成し、3年後には1100石の新田を開発することに成功した。

ところが1660年に大きな洪水が起こり、堤防が決壊して、せっかくの新田が一瞬にして水没し、使いものにならなくなる。重政は急いで新しい堤防建設に取りかかろうとするが、残念ながら死去してしまう。

そしてその遺志は、その子の重年が受け継ぐことになった。

1667年に始まった工事は、7年もの年月をかけて完成し、再び豊かな水田地帯がよみがえった。

人柱を祀る護所神社。いまもきちんと管理されている。(写真：岡井敏博)

祖父にあたる重高がこの地に堤防をつくろうと決心してから、すでに50年近い年月が過ぎていた。その努力と苦労が実り、後に「加島5000石」と呼ばれる美しい田となったのである。

とはいえ、重年が手がけた工事は当然のことながら苦労が多かった。完成したのは総延長約3800メートルもある巨大なものだが、途中で大きな洪水が起こり、工事は何度も中断ややり直しをしなければならなかった。

そんな難工事であったことから、当時としては当然のことながら**「神頼み」**をすることになる。堤防の途中にある中島天満宮は、まさに工事が無事に終わることを祈ってつくられたものである。

しかし、それだけではない。この堤防の完成にはもうひとつの悲劇があったといわれる。それは人身御供である。

◆埋められた僧が持っていた鈴の音

神仏加護のために人柱を捧げることは、当時としては珍しいことではなかった。雁堤の工事でも、やはりそれがおこなわれたのである。

選ばれたのは、富士川を渡ってきたひとりの通行人だった。**「ちょうど1000人目を人身御供とする」**と決められていたのだ。

ところが、その旅人には家に帰れば妻や子供がいる。それを知って不憫に思ったのが、たまたまそこに行きあった旅の僧だった。僧は、その旅人の代わりに自分が人柱になることを申し出た。

「自分は鈴を鳴らし続ける。もしも鈴の音がやんだら、もう死んだと思ってほしい」

僧は、そう言い残して木製の箱に入り、地中に埋められたのである。

護所神社内にある人柱供養塔（右）と雁堤人柱之碑（左）（写真：岡井敏博）

箱には空気を入れるために、小さな穴があけられて地表とつながっていた。その空気穴からは約2週間の間、鈴の音が聞こえ続けていたという。

しかし次第に鈴の音は小さくなり、間隔が長くなって、やがて途絶えてしまった。僧は立派に人柱の役目を果たしたのである。

すぐに人柱を祭神とした護所神社が建てられた。堤防が完成し、新田開発が進んで人々の暮らしは豊かになったが、その陰にあった僧の犠牲を忘れてはならないという住民の気持ちによるものだった。

なお、この話には異説がある。偶然にも**1000人目がふたりいた**というのだ。

それぞれ男女の巡礼者だったが、ふたりとも事情を聞いて、

「しかたがないので人柱になるが、ただし、まだ巡礼の途中なので3ヵ月だけ待ってほしい」

といった。3ヵ月後、ふたりとも約束どおり戻ってきた。そして男性のほうが、

「それでは自分が犠牲になろう」

と言い残して人柱になったというのである。

いずれにしても、その犠牲の精神はいまも伝えられており、護所神社には「人柱供養塔・雁堤人柱之碑」が建てられている。また、現在でも毎年7月に祭礼がおこなわれて、犠牲となった人の魂をなぐさめているのである。

199人の死者を出した死の雪山・八甲田山

【青森県青森市・十和田市】

◆冬の東北で起きた過去最大の悲劇

JR青森駅から車で1時間～1時間半ほど行くと、八甲田山にたどり着く。主峰の八甲田大岳に連なる北八甲田が、通称、八甲田山と呼ばれる山々だ。

春から夏にかけては高山植物が咲き乱れ、秋には紅葉が山を彩る。また、湿原植物の宝庫ともいわれ、湿原を回る散策コースも設けられている。

豊かな自然に恵まれたこの八甲田山で、100年以上前、**日本の山岳史上でももっと**

も悲惨だといわれる事件が起きた。新田次郎の小説『八甲田山死の彷徨』などでも知られる、陸軍第8師団第5連隊の遭難だ。
この遭難では、210名の隊員のうち、199名もの人間が命を落としたのである。

◆猛吹雪に襲われた210人

1902年1月23日、陸軍第8師団第5連隊は雪中行軍訓練のため、青森市郊外の駐屯地を出発した。八甲田山麓を越えて田代元湯へと向かう2泊3日の道のりだ。

これはロシアと戦うことを想定した訓練だった。日清戦争後、ロシア・フランス・ドイツの三国干渉によって遼東半島を失った日本は、対ロシアの軍備を拡張していた。次第に両国の緊張が高まる中、極寒のロシアでも戦えるようにと、雪中行軍の訓練がおこなわれたのである。

全体の指揮をとるのは神成文吉《かんなりぶんきち》大尉だ。兵士たちには行軍の諸注意や凍傷の予防法などが詳しく伝えられる。1週間前にはルートの事前調査も終えており、行軍は問題なくおこなわれるはずだった。

冬の八甲田山と地獄池。晴れている間は美しいが、いったん天候が変わると文字どおり地獄と化す。

午前10時ごろ、一行は八甲田山ふもとの田茂木野《たもぎの》に到着する。このあたりから、急に雲行きが怪しくなってきた。山を知り尽くしている村人は、行軍を中止するか案内人をつけてはどうかと提案する。だが、村人の心配は彼らの胸には届かなかった。

「軍人が天候ごときを恐れるものかっ」

と、どなりつけ、そのまま出発してしまったのである。

しかし、雪の山道は予想以上に厳しく、またたく間に隊列が乱れ始めた。次第に吹雪もひどくなる。わずかな休憩に食べた**昼食の握り飯は、凍ってじゃりじゃりになっていた**という。

行軍はあくまでも訓練で、敵の銃弾が飛

んでくることはない。だが、いまや吹雪と寒気が強大な敵となって、彼らの前に立ちはだかっていた。ようやく夕方になって、馬立場《うまたてば》までたどり着いた。小高い馬立場からは、はるか遠くに田代が臨める。へとへとになっていた兵士にも、士気が戻ってきた。とはいえ、まだ先は長い。神成は野営地を設置するため、ラッパ手を含む先発隊を送り出した。

ところが、しばらくしてラッパの音が聞こえてきたとき、神成はがく然とする。なぜか隊列の後方からラッパの音がするのだ。吹雪で道を誤った先発隊は、ぐるりと周囲を一周して本隊に戻ってきてしまったのである。

これ以上の前進は不可能だと判断した一行は、近くのくぼ地で野営することを決める。なんとか全員が到着し、生煮えの飯にありつけたころには、午前1時になっていた。兵士たちは、そこここでうとうとしている。**「眠るな。軍歌を歌え！」**凍傷を心配した神成は兵士を鼓舞して回ったが、疲労困憊している兵士は睡魔に勝てなかった。

◆雪の中をさまよう死の行軍

24日未明、この行軍で最大の失敗だったといわれる移動が開始される。

八甲田山雪中行軍の犠牲者の棺（写真提供：毎日新聞社）

吹雪の中、十分な土地勘も装備もない者が、むやみに動き回っても危険が増すばかりである。それでも、帰営を決めた一行は出発してしまったのだ。

だが、**歩いても歩いても帰りの道が見つからない**。激しい吹雪が、前を歩く者の足跡をたちまち消していく。もはや前進しているのか、もがいているのかわからないような状態だった。

いったん野営地に引き返そうとするものの、すでにその道もわからなくなっていた。行くもならず、帰るもならずという状況の中で、兵士たちがばたばたと倒れ始める。

とはいえ、ほかの者にも彼らを助けるだけの余力が残っていない。2日目の野営地を決定したころには、50名の兵士を失っていた。

この野営地は馬立場から南に600メートルほどの場所に当たる。馬立場まで戻ることができれば帰りの道も見つけやすかったのだろうが、晴れていればたいしたことのない距離でも、猛吹雪の中では方向を見失う。

彼らにはこのわずかな距離が乗り越えられなかったのだ。おそらく自分たちがどこにいるのかさえ、つかめなかったのだろう。

木炭を使い切ってしまった一行は暖を取ることもできない。携帯していた餅や缶詰は凍りついて歯が立たなかった。寒さと疲労と恐怖で、精神に異常を来たす者も現れた。翌朝までに、さらに20名が死亡した。

25日も彼らは山をさまよい続ける。どこへ向かっても道が見つからない。兵士はどんどん減っていく。絶望感に打ちのめされた神成は、天に向かってほえた。


「天は我を見捨てたり」


25日にはわずかに天候が回復した時間があった。そのとき誰かが叫んだ。

「救援隊だっ！」

みながいっせいにそちらを見つめる。誰の目にも、たしかに大勢の人間が見えた。ところが、たちまちその姿がかき消える。ひと筋の希望にすがりつきたいという願いが生んだ**集団幻覚**だったのだ。

夕方、なんとか馬立場に到達することができたものの、風雪に阻まれ、またしても野営を余儀なくされた。

この日、北海道の旭川では、観測史上最低というマイナス41度の気温を計測していた。

八甲田山に立つ雪中行軍遭難記念像。後藤はこの姿で仮死状態になっていたという。

青森でも午後２時の気温がマイナス８度。この時期の平均気温が０・６度だったことからしても、このあたりが猛烈な寒気に見舞われていたことがわかるだろう。まさに死の行軍だったのだ。

◆立ったまま気を失っていた伍長

翌日、すでに兵士は数十人しか

残っていなかった。そして、最後の行軍が始まった。

ようやく神成は田茂木野へと至る道を発見する。しかし、そこで力尽きた。倒れたまま、もう一歩も動くことができない。神成は同行していた後藤房之助伍長に、最後の司令を伝える。

「田茂木野まで行って、連隊に救援を求めよ」

あとを託された後藤は必死になって田茂木野を目指す。ひたすら足を動かすことだけに集中したものの、わずかに進んだところで彼もまた動けなくなった。

目をかっと見開いて直立したまま気を失っている後藤が発見されたのは、翌日のことである。蘇生した彼の口から遭難の事実が伝えられ、大々的な捜索がおこなわれた。

3キロの道のりには、兵士の遺体が点々と連なっていたという。中には、大尉の足下にうずくまった兵士の遺体もあった。大尉を介抱しながら事切れたのだ。そして、すべての遺体を収容できたのは5月末のことだった。

現在、馬立場の近くには遭難の第一報を告げた後藤の銅像が建っている。ここに佇んで八甲田山の山並みを見つめながら、彼はいまも仲間が雪を踏みしめる足音を聞いているのかもしれない。

かつて自殺ブームがあった三原山

【東京都大島町】

◆76年前に起こった奇妙なブーム

大島は、伊豆諸島の中でももっとも大きい。ただ、島とはいっても本土に近く、東京からでも高速船を使えば2時間もかからずに着いてしまう。

この大島を代表するシンボルともいえるのが三原山だ。この山はいまだに活動を続けている活火山で、最近では１９８６年に大噴火を起こした。とはいえ、ふだんは穏やかなので、大島きっての観光名所として訪れる人々も多い。

火口の近くには散策コースが設けられており、晴れた日には房総半島まで見渡せるという。また、三原山頂口展望台からの眺めも圧巻だ。緑の間に残る溶岩流の跡は、自然の力の大きさをまざまざと感じさせてくれる。

ところで、1933年、三原山に奇妙なブームが起こったことがある。大挙して押し掛けた人々の目的は観光などではない。彼らは次々と山頂を目指し、二度と下山してくることはなかった。そのまま**火口へと身を投じていた**のである。

◆三原山の火口に身を投げた少女

三原山での自殺ブームのきっかけとなったのは、ひとりの女子学生の死だった。

1933年2月12日、東京の実践女子専門学校国文科2年に在籍する、松本貴代子と富田昌子のふたりは三原山の山頂に立っていた。山頂で見張り番をする男はふたりを見かけていたものの、さして気にもとめなかった。1927年に東京―大島間の定期航路が開通して以来、火口見物にやってくる客も少なくなかったからだ。

しかし、しばらくして男は異変に気づく。さっきまでふたり連れだったはずの女子学

三原山の火口

生がひとりになっている。ぽつんと取り残された女子学生もなにやら落ち着かない様子だ。

「友達はどこへ行ったの？」

女子学生は固く口を閉ざしている。

男は重ねて問いかけた。ようやく答えた彼女の重い口からは、驚くべき言葉が発せられた。

「火口に飛び込みました」

男は慌てて警察に連絡した。

警察の調べにより、火口に飛び込んだのは松本貴代子、残されていたのが富田昌子だとわかる。自殺を決意していた貴代子は、昌子を誘って三原山の火口までやってくると、

「ここで死ぬわ。みなさんによろしく」

とだけ言い残して、火口にみずからの身を躍らせたのだった。

◆友人の自殺を2度も見届ける

これだけなら、多感な年ごろの女性の死として、それほど大きな話題にはならなかっただろう。

しかし、調べが進むにつれ、驚愕の事実が判明する。なんと、ひと月ほど前にも昌子は自殺する友人に付き添って三原山を訪れていたのだ。

昌子と同じ学校に通う1学年上級生の真許三枝子は病気がちで、「死にたい」が口ぐせだった。そして、三原山を死に場所と決めた三枝子は、ひとりでは不審がられるかもしれないからと、昌子に同行を頼んだのである。

ただし、このとき昌子は自殺の瞬間は目撃していない。

「あなたがいると死ねないから、帰ってちょうだい」

といわれ、そのまま下山したのだ。

三原山噴火口を馬でめざす観光客（1935年・写真提供：毎日新聞社）

さまざまな事情が明らかになるにしたがって、昌子の立場は悪くなっていった。友人が自殺しようという意志を持っているのを知っていたにもかかわらず、それを止めないばかりか、2度も現場に同行している。

また、三枝子の一件を貴代子にだけは話していたため、それが貴代子の気持ちをさらに刺激した可能性もある。ある意味、自殺幇助といえるのではないか、というわけである。

これだけセンセーショナルな話題がそろっていれば、マスコミが飛びつかないわけがない。

新聞は「怪奇！　二度も道案内、三原山

に死を誘う女」という見出しをつけ、猟奇事件として騒ぎたてた。

◆どんどん増えていった自殺志願者

このような大々的な報道が、自殺志願者をあおり立ててしまった。

三原山を目指す者は増え続け、**この年だけで男性804人、女性140人が火口に身を投じて命を絶った**のだ。

944人という数字だけでも尋常ではないが、**未遂も含めれば何倍もの自殺志願者がいたことになる**。大島警察はこの事態に対応しきれず、警視庁に応援を要請したという。

マスコミの視線にさらされ続けた昌子は衰弱し、事件から3ヵ月もたたずに亡くなってしまう。一説には、ノイローゼが原因だったともいわれている。

いまも大島には多くの人々が訪れ、椿まつりのときにはいっそうのにぎわいを見せるという。ただ70年以上前とは違い、彼らの目的が純粋に観光であることに、三原山も安堵しているのではないだろうか。

日本の歴史を変えた大決戦の地・関ケ原

【岐阜県不破郡】

◆関ヶ原の合戦の舞台となった町

岐阜県の南部はかつて美濃《みの》と呼ばれた地域だ。東西文化の交流地点として栄え、美濃焼や鵜飼いなど伝統芸能でも知られている。

美濃の南西部、滋賀県との境に近い場所には関ケ原町がある。この町内を歩くと、至るところで史跡に出くわす。それもそのはずで、ここは天下分け目の大戦——**関ヶ原の合戦**がおこなわれた場所なのである。

陣場野《じんばの》公園は東軍の大将、徳川家康が最後に陣を敷いた場所だ。最初は2・5キロほど南東にある桃配《ももくばり》山に本陣を置いていたが、戦況をもっとよく把握するためにここまで移動したのである。

一方、笹尾山には西軍の大将だった石田三成が陣取った。ここからは戦場がひと目で見渡せ、北国《ほっこく》街道も押さえることができる。

さて、陣場野公園から約1・2キロ、笹尾山からは約800メートルの地点が決戦場だ。近くには小学校もあり、いまではいたって普通の街並みだが、ここで**最後にして最大の激戦**が繰り広げられたのである。

◆天下取りのための家康の計略

豊臣秀吉は死の間際、幼い秀頼の行く末を案じて我が子をバックアップする体制を整えた。彼を支えることで、豊臣政権の安泰を図ったのである。

しかし、秀吉が没すると、この体制に亀裂が生じる。秀吉の遺言を無視して、家康が我が物顔にふるまい始めたのだ。秀吉の寵臣だった三成は反抗するが、家康は次第に大

関ヶ原古戦場の石碑

名たちを味方につけていった。

一致団結して秀頼を守り立てていくはずの大名は、家康派と三成派の真っ二つに分裂してしまったのである。

家康は三成を叩きつぶす機会を虎視眈々と狙っていた。とはいえ、理由もなく戦を仕掛けては、ただの謀反人になってしまう。

どうしたものかと考えあぐねていた家康に絶好のチャンスが訪れた。本国の会津に戻っていた上杉景勝が、家康に対して挙兵したのである。

家康は上杉を討伐するために会津に向かった。とはいえ、家康の本当の狙いは別のところにあった。家康が大坂を発てば、挟み打ちをするために三成が挙兵するだろうとにらんでいたのだ。

仕掛けられた戦なら、三成と戦う正当な理由ができる。

上杉討伐は、**三成を土俵に上げるための口実でしかなかった**。

◆なかなか決まらない勝敗のゆくえ

家康のもくろみどおり、三成は挙兵する。だが、先読みしていた家康の対応は早かった。すぐさま会津から取って返し、先鋒の武将を西へ向かわせる。最初こそ快進撃を続けていた三成もじりじりと後退し、大垣城にこもることになる。

1600年9月14日、東軍の総大将・家康が大垣北西部の赤坂に着いた。家康の到着があまりに早かったため、西軍は動揺を隠せなかったという。しかし、家康は西軍の様子など気にも留めない。付近に陣取る大名への根回しに忙しかったからだ。これがあとで功を奏することになる。

また、家康は**情報戦略**でも西軍を翻弄した。三成の陣を素通りして大坂へ向かうという情報をわざと流したのだ。慌てた西軍は先回りをしようと、夜の闇にまぎれて関ヶ原

関ヶ原に再現された竹矢来

へと急いだ。雨の中での強行軍は、西軍の兵をかなり消耗させたらしい。

9月15日、関ヶ原を挟んで東軍と西軍が対峙した。西軍約7万9000、東軍約7万という大軍だ。

先陣を切って走り出したのは井伊直政だった。それに続いた福島正則の部隊がいっせいに鉄砲を発射した。これが合図となり、両軍入り乱れての戦いが始まる。

あちらこちらで鉄砲の音が鳴り響く――。兵士は刀を斬り結び、槍を突き出す。血しぶきが上がり、首が宙を飛ぶ。どちらの兵も必死だ。押し込んだり、押し戻されたりしながら一進一退の状態が続いていた。

◆勝敗を決めた小早川の寝返り

この状況を打開する鍵を握っていたのが、いまだに松尾山で動かずにいる**小早川秀秋**だった。

もともと小早川は西軍の武将である。関ヶ原へと急ぐ途中、三成はわざわざ松尾山に立ち寄り、のろしを上げたら出撃してほしいという約束まで交わしていた。

ところが、家康も小早川を取り込もうとしていたのだ。味方につけば、領地を増やすとまでいっていたのである。

すでに、のろしは上がっている。出撃を促す使者が、何度もやってきていた。それでも、東西両方の義理に板挟みになった小早川は動けずにいたのだ。

小早川の煮え切らない態度にしびれを切らしたのは家康だった。家康は松尾山に向けて威嚇射撃を命じたのである。

これが小早川の気持ちを決めた。家康を相手にしてはとうてい勝てるものではないと観念したのである。

小早川軍1万5000は、西軍に向かって突っ込んでいった。

小早川の寝返りで西軍は一気に崩れ出す。さらに家康は、温存していた精鋭3万も送り込んだ。

総崩れとなった西軍は散り散りになって敗走するしかなかった。家康は関ヶ原の合戦に勝利し、天下取りの第一歩を踏み出したのである。

歴史に語り継がれるのは名のある武将ばかりだが、この合戦では**数限りない無名の兵士たちも命を落とした**。

現在の街並みから当時の様子をうかがい知ることは難しいが、関ケ原町歴史民俗資料館にあるジオラマでは、激戦の面影を垣間見ることができる。

小早川秀秋

何度も惨劇の舞台になった旧首相官邸

【東京都千代田区】

◆血塗られた過去を持つ政治の中枢

千代田区の永田町は、政治的に重要な建物が集中している場所である。国会議事堂や衆参議院議長の公邸、政党の本部などをはじめ、首相官邸もそびえている。

政治家の多くがこの館の主となることを夢見るものの、それを実現できるのはほんのひと握りという狭き門の建物だ。

首相官邸とひとくくりにして呼んでしまうが、敷地内には渡り廊下で結ばれた**官邸**と

旧首相官邸（写真提供：時事）

公邸がある。官邸は首相が公務をおこなったり、記者の詰め所などがあるオフィシャルなスペースで、首相やその家族が日常生活を送るのが公邸だ。

ところで、現在使用されている官邸は2002年に、公邸は2005年に誕生したものである。それまでの首相官邸は70年以上使っていた年代物だった。ところどころ改築していたとはいえ、かなり傷みがひどくなってきており、情報化社会にも対応できなかったため、新しく建て直されたのである。

とはいえ、その内装は素晴らしく、近代建築の巨匠のひとり、フランク・ロイド・ライトが設計したのではないかと伝えられていたほどだった。

そしてこの旧首相官邸は、さまざまな歴史の瞬間を目撃してきた。それは華やかなものばかりではない。多くの血が流される惨劇の舞台にもなってきた。政治の頂点に君臨するこの場所は、**血塗られた館**でもあったのだ。

◆犬養首相の暗殺

最初にここで血が流されたのは、完成して3年後の1932年。いわゆる5・15事件のときだ。

この日は休日だったため、当時の犬養毅首相は公邸でくつろいでいた。そんな犬養を悲劇が襲ったのは夕方のことである。青年将校に率いられた9人が、荒々しく官邸に乗り込んできたのだ。

「首相はどこだ！」

官邸内を探し回ったものの、犬養の姿はどこにもない。彼らは公邸に向かった。その途中で、渡り廊下を警護する巡査が撃たれて倒れた。一方、公邸では警護の者が懸命に

5・15事件当日、扉をしめた官邸前（写真提供：毎日新聞社）

犬養を逃がそうとしていた。

ところが、当の本人には逃げる気などさらさらない。それればかりか、彼らと話し合うといって、警護が止めるのも聞かず、みずから将校たちの前に姿を現したのだ。そして彼らを引き連れて応接間へ入ると、

「まあ、待て。話せばわかる」

こう語る犬養の威厳に満ちた態度に、青年将校たちも気圧される。だが、一瞬遅れて部屋に飛び込んできた将校が、

「問答無用！」

と、銃を発射した。それにつられたかのように、もうひとりも引き金を引いた。犬養のこめかみから血が流れ、身体がゆっくりと床に倒れていく。この日の夜遅く、犬

養は息を引き取った。

◆2・26事件の流血

それから4年後の1936年、今度は首相官邸が惨劇の舞台になった。2・26事件である。青年将校がおよそ1400人の兵士を引き連れて**クーデター**を起こし、首相官邸、警視庁、陸軍省、朝日新聞社などを襲撃したのだ。官邸に向かってきたのは300人ほどの兵士だった。

公邸で眠っていた岡田啓介首相は、午前5時ごろ、非常ベルの音で飛び起きた。5・15事件を教訓にして、官邸内のあちこちに非常ベルが設置されるようになっていたのだ。官邸の警護と反乱軍の間で激しい銃撃戦が始まった。たちまち警護が4人射殺される。非常事態を察知した岡田は、慌てて風呂場や使用人部屋に隠れたため無事に救出された。

だが、このとき**首相の〝身代わり〟となって殺された者がいた**。岡田の義弟である松尾伝蔵予備役陸軍大佐だ。義理の兄弟とはいえ、ふたりは体格や顔つきがよく似ていたのだという。官邸にいた松尾は、あろうことか岡田と間違われてしまったのだ。

右側が新しい首相官邸。現在は公邸として使用されている旧官邸も左側に見える。（写真提供：時事）

「岡田首相がいたぞ！」

兵士の銃がいっせいに火を吹く。血まみれになりながら松尾は即死した。彼の身体には15～16発もの銃弾が撃ち込まれていた。

旧官邸の玄関上部にあるガラスには、丸い傷跡が残っていた。それは、２・26事件の際に流れ弾が当たった痕だったと伝えられている。

◆旧官邸にまつわる怪談話

首相官邸での襲撃はこれだけではない。

１９６０年には、パーティーの客を装った暴漢が岸信介元首相の腿をナイフで刺し、2週間の怪我を負わせた。

また、1978年には記者に紛れていた男が大平正芳元首相を襲おうとしている。このときは未遂に終わったが、犯人が十数時間も官邸に潜んでいたことが発覚し、警備陣に大きなショックを与えた。

名目上は首相は公邸に住むことになってはいるものの、歴代の首相の中には、私邸から通った者もいた。それは住み心地が悪いという理由だけでなく、こうした忌まわしい過去を持つ首相官邸が、**不吉な場所**として知られていたからだ。

それを象徴するようなエピソードもある。戦後初めて公邸に住んだのは佐藤栄作首相だが、引っ越し前には2・26事件の法要をおこない、赤坂山王日枝神社にお祓いも頼んだという。また、羽田《はた》孜《つとむ》首相の夫人はあるインタビューで、「霊感の強い知人が、庭に軍服を着た人がたくさん見えるといったので、**お祓いをしてもらった**」と答えている。

新官邸は地上5階、地下1階、のべ面積はかつての2・5倍にもなり、シンプルながらも日本らしさを強調したデザインになっている。最新のセキュリティやヘリポートも備えた近代的な建物には、怪談めいた話の伝わる旧官邸のような陰は、もうどこにも見当たらない。

いまだ傷が癒えない原爆投下の地

【広島県広島市】

◆平和な朝に訪れた地獄絵図

１９４５年８月６日午前８時15分、アメリカ軍のＢ29爆撃機エノラ・ゲイは、広島市のほぼ中央に位置する相生《あいおい》橋を目標に「リトルボーイ」というニックネームのついた爆弾を投下した。

リトルボーイは上空約６００メートルで爆発。「ピカッ」という閃光を発し、「ドーン！」という凄まじい衝撃音が広島市内を襲った。核兵器である**原子爆弾**が史上初めて、人類に対して使われた瞬間だった。

折しも、多くの人が朝食を食べ終えて自宅から軍需工場などへ向かう時間帯だ。「おはよう」「いってきます」という挨拶が飛び交ういつもの朝の風景が、このとき、一瞬にして地獄へと様変わりしたのである。

◆強烈な熱風とすさまじい火事嵐

爆風で建物は押しつぶされ、爆発によってできた火の玉が強烈な熱線を発して地表の温度は**3000度以上**にまで達した。

あまりに強い熱線だったため、一瞬にして何の跡形もなく蒸発してしまった人がいたほどだ。蒸発はしないまでも炭化してしまった遺体もある。

また、この熱線により木造家屋など燃えやすいものが次々と発火。大火災が発生し、激しい上昇気流を生み出して火事嵐となった。

倒れた建物の下敷きになり逃げることもできずに、猛火に飲み込まれていった人は数知れない。

広島に落とされた原爆がつくったきのこ雲

「助けて！」「苦しい……」といううめき声や断末魔がいたるところで聞こえ、男女の見分けもつかないほど焼けただれた死体が転がっていた。

辛うじて生きている人も服は焼けてボロボロとなり、顔や唇は腫れあがり、髪はちぢれ、皮膚がむけて体からぶらさがっている状態だった。

「水っ！　水をちょうだい！」

と、残りの力を振り絞って叫ぶ老若男女の声があちこちから聞こえるが、誰にもどうすることもできない。

猛火に追われ、水を求めて川へと向かった人々も大勢いたが、火炎竜巻が川面にまで容赦なく襲いかかる。川にも岸辺にも数え切れないほどの死体が重なりあっていた。

爆心地から半径2キロメートル以内はほぼ焼き尽くされ、ようやく火災が収まってきたのは原爆の投下からなんと3日も過ぎたころだったのである。

◆目に見えない恐怖・放射線

原爆の恐怖は強烈な爆風や熱線、火災だけではなかった。原爆はそれまで人類が経験したことのない、目には見えない弾丸を広島の街に打ち込んでいた。「放射線」である。建物の中などにいて辛うじて爆風や熱線を避けられた人も、気づかないうちに放射線の被害に遭っていた。放射線は体の奥深くまで入り込み、細胞を破壊して**人々に致命的なダメージを与えた**のだ。

爆心地から半径1キロメートル以内で大量の放射線を浴びた人は急性放射線障害となり、「痛い！」「苦しい」ともがき苦しみながら全身に赤紫色の出血班を浮き上がらせて数日のうちに亡くなっていった。

その後の数ヵ月間も放射線による被害で亡くなる人はあとを絶たず、数年後に白血病

原爆投下後の広島の市街

やその他のガンで亡くなる人も多かった。

放射線の被害は救援活動などで爆発後に広島へ入り、「黒い雨」に打たれた人たちにも現れた。

黒い雨は、爆発の30分前後から広島市の北西部に降ったもので放射能を帯びたススやホコリを多量に含んでいたのだ。

「何だ？　このベトベトした黒い雨は？」

黒い雨を浴びた人々は不気味に感じたものの、まさかその雨が原因で自分に恐ろしい症状が現れるとは思いもよらなかった。

だが、不運にもこの雨を直接浴びてしまった人たちは、まもなく髪の毛が抜け落ち、血便や吐血、歯茎からの大量出血などの病状に襲われたのである。

◆奇跡の復興といまも続く被害

結局、広島に落とされた原爆はその年の末までに約14万人の命を奪い去り、その後も何万人もの犠牲者を生み出した。

その中には、学徒動員令による建物疎開中に被爆した中学生や女子学生も何千人と含まれている。

広島市によれば、被爆50年後の調査による**被爆者の総数は52万人以上**だという。生き残った被爆者はその後も原爆症に苦しみ、いまなお白血病やガンなどの発病の恐れを抱きながら生活している人もいる。

戦後、広島の街は奇跡の復興を遂げた。原爆による爆風と熱線は、広島市内の建物約7万6000戸の9割に半焼や半壊以上の被害を与えたが、その廃墟の中から人々は立ち上がり、現在の広島を築いていったのだ。

いま、原爆が炸裂した付近の地区は「平和記念公園」となり、周辺には原爆ドームをはじめ広島平和記念資料館や数々の慰霊碑などが建てられている。

中でも原爆ドームは1996年に世界遺産に登録され、原爆被害の象徴的な存在と

現在の原爆ドーム。被害の様子をありありと残したまま、いまも世界遺産として爆心地のそばに建っている。

なっている。

人類が犯した愚かなあやまちを忘れないため、もう二度と悲劇を繰り返さないために登録された、いわゆる**負の世界遺産**だ。

もともとは3階建て鉄骨レンガ造りのヨーロッパ建築だったが、ほぼ爆心地にあったため爆風が真上から襲い、垂直に建っていた壁の一部と鉄製の天井ドームを除いて建物は大破してしまったのだ。

当時、中にいた人々は全員が死亡したとされる。

一瞬にして無差別に大量の破壊や殺戮をおこなう原子爆弾。その恐怖や悲惨な被害、そして平和の尊さを、瓦礫になった原爆ドームはいまに伝え続けている。

第二章
たたる者がひそむ場所

池田綾岡画「皿屋敷」

怪談・播州皿屋敷のもとになった実話

【兵庫県姫路市】

◆井戸のそばで皿を数える幽霊

姫路城は、日本有数の美しさを誇る名城のひとつである。その南側に位置する正面登閣口から入り、東方向に少し向かうと上山里丸という広場がある。そこにわずかな緑に隠れてポツンと忘れられたような井戸がある。

これが「お菊井戸」、つまり、有名な『播州《ばんしゅう》皿屋敷』のモデルになったお菊の悲劇の舞台となった井戸である。

姫路城とお菊井戸（写真 :overQ）

夜ごと、**井戸のわきにたたずむ女の幽霊**が、うらめしげな声で「1枚、2枚……」と皿を数える。

9枚まで数えたところで悲しげな顔になり、やがて叫ぶように泣き出す有名なクライマックスで知られる怪談話のひとつ「皿屋敷」は、じつは全国にいくつかの類話が残っている。

東京の「番町皿屋敷」のほか、金沢、尼崎、松江、さらには長崎の五島列島にも同じような話が伝わっている。

それぞれで細部は異なるが、話の大筋は共通している。中でも、西日本でもっともよく知られているのが、この播州の皿屋敷だ。

その話のもとになったのは、どんな出来事だったのだろうか。

◆じつはスパイだったお菊

姫路城第9代城主の小寺則職《のりもと》の家臣に青山鉄山という人物がいた。1505年、この鉄山が主家を乗っ取る計画を企てたのが事の発端だ。

衣笠元信という忠臣が事前にその企てを知る。忠実な元信は、自分の妾だったお菊という女性を鉄山の家に女中として送り込み、鉄山の動きを探らせた。つまり、**お菊はスパイになった**のだ。

お菊は元信の期待に応え、鉄山が花見の席で則職の毒殺を計画していることを元信に報告した。その花見の席、鉄山が毒入りの酒を則職に差し出すと、そうはさせまいと元信が斬りかかる。花見の席は乱闘となった。

結局、力に勝る鉄山が相手を圧倒し、則職は元信に守られながら瀬戸内海に浮かぶ島へと逃げ延びることになる。鉄山は、まんまと姫路城を手に入れたのである。

お菊は、その後も鉄山の屋敷でその動向を探り続けるが、やがて正体がばれてしまう。

もちろん、鉄山は激怒した。

彼の命を受けた家臣の町坪弾四郎は、お菊に城の家宝として伝わる10枚の皿の管理を命じる。そして、そのうちの1枚をわざと隠してしまう。

じつはこの弾四郎は、お菊に結婚を迫って断られたことがあり、それを恨みに思っていた。弾四郎は皿の紛失を理由にお菊を井戸の上に吊るし上げ、手指を切り落とすなど残虐な方法で苦しめると、**ついに斬り殺して井戸に投げ込んでしまった**。

葛飾北斎画「さらやしき」。よく見ると伸びた首の一部が皿になっている。

ところがそれ以来、夜になると井戸のそばにお菊の幽霊が現れ、恨みがましい目をして皿の枚数を数える声が聞こえるようになったのである。

それが、いまも姫路城に残る「お菊井戸」なのだ。

◆いまも伝えられるお菊の悲話

その後、元信は勢いを盛り返して鉄山を滅ぼして、則職は再び姫路城に帰ることができたが、則職はわずか21歳で殺されたお菊の無残な死を哀れに思い、お菊神社をつくって祀《まつ》った。

これは現在、姫路城の南南西約1キロの十二所神社の中にある。とくに女性のご利益があるというほかは、「皿」にちなんで陶器の守護神としても知られている。

なお、この播州の皿屋敷には奇妙な後日談がある。

お菊の悲劇は『播州皿屋敷』という浄瑠璃になって上演されたが、その初演から約50年後の1795年、姫路城下に**奇妙な虫が大量発生した**のだ。その背中には不思議な模様があり、よく見ると**人が後ろ手に縛られて吊り下げられた姿に似ている**のである。

いまでは、それはジャコウアゲハという蝶のさなぎだと考えられているが、当時はお菊の怨念が虫に姿を変えたものではないかという噂が広まり、大騒ぎになったのだ。

いつまでも人々の記憶に残り、偶然に起こった自然現象にそれを重ね合わせて新たな騒動となる。それだけお菊の伝説が、人々の心に深く刻み込まれていたことの証である。

お菊を祀るお菊神社がある十二所神社（写真 :overQ）

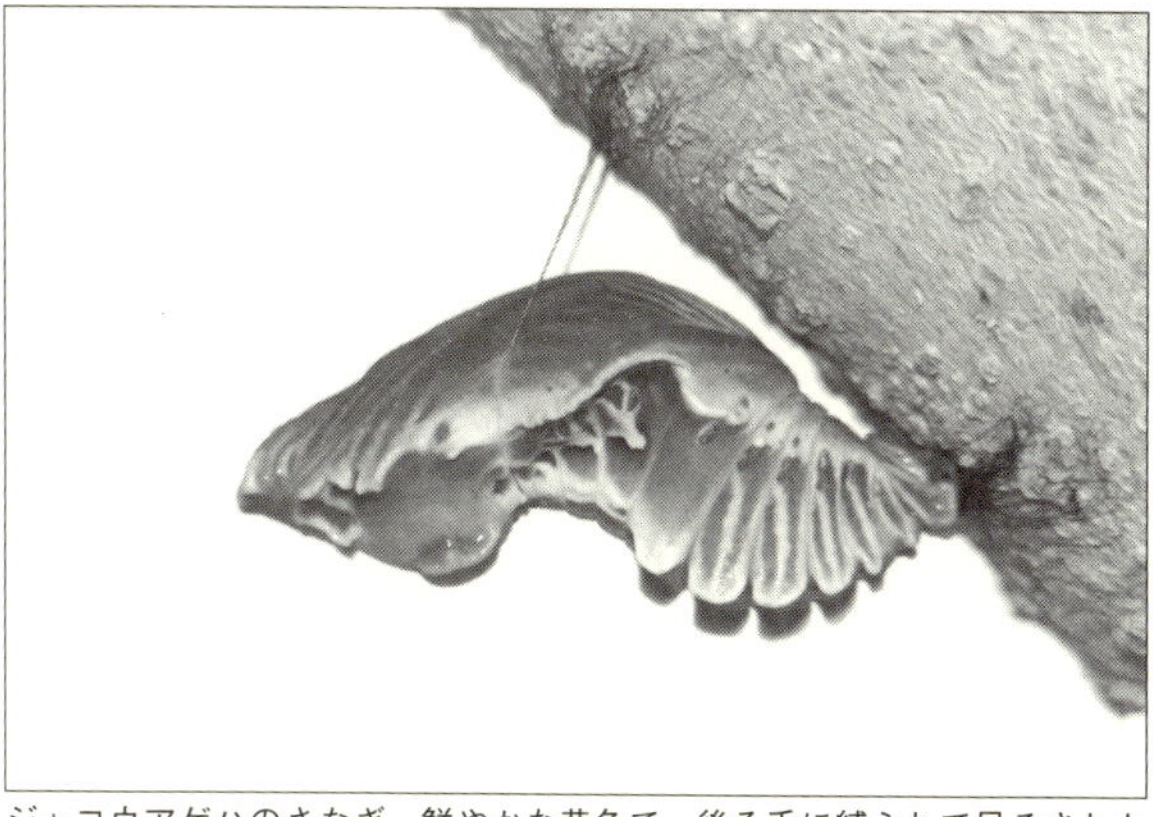
ジャコウアゲハのさなぎ。鮮やかな黄色で、後ろ手に縛られて吊るされたような独特の形が、お菊と重なる。

史上最強の怨霊・崇徳帝の呪いの数々

【京都府京都市】

◆日本最強の怨霊はかつての天皇

「史上最強の怨霊となって、天皇家と京都にたたり続ける」――。

歴史上もっとも恐ろしいたたりをなしたといわれる崇徳帝は、そんな恨みの言葉を残し、１１６４年、46歳の生涯を讃岐で終えた。天皇の位につきながら最後は怨霊になったともいわれる崇徳帝の呪詛は、その言葉どおり、その後**朝廷と京都の街とを恐怖のどん底に叩き込んだ**。

崇徳天皇御廟

京都の繁華街である祇園にある東山通りから1本西側の狭い通り、万寿小路に面した場所に、その崇徳帝を祀った御廟（霊を祀る場所）がある。

後白河院が崇徳帝の怨霊をなぐさめるためにつくった粟田宮という神社は、もともとは鴨川の東にあった。

それがのちに現在の場所に移されたのが、その御廟である。

いまは穏やかなたたずまいを見せているが、その背後には、崇徳帝のあ**まりにも根深いたたり**への恐怖がひそんでいるのである。

崇徳帝は、なぜそれほどの恨みを抱かなければならなかったのだろうか。

◆密通で生まれた子

崇徳帝は、鳥羽天皇と藤原璋子との第一皇子として1119年に生まれた。しかし、その出生には**暗い影**があった。

鳥羽天皇は本当の父親ではない。じつは、鳥羽天皇の祖父にあたる白河法皇が璋子と**密通**して産まれたのが崇徳帝だったのだ。

偽りの我が子を徹底的に忌み嫌った鳥羽天皇は、自分の後継者として、崇徳帝の弟である後白河を選んだ。表向きは父と子でありながら自分を冷遇する鳥羽天皇と対立していた崇徳帝は、この仕打ちに激しく逆上した。

さらに、その鳥羽天皇が1156年に病死したとき、遺言として崇徳帝が遺体と対面することを禁じていることを知り、崇徳帝の積年の恨みが爆発した。ついに後白河天皇に対して挙兵したのである。これが保元の乱だ。

しかし戦いは、平清盛や源義朝らが味方についた後白河側の勝利となり、崇徳帝は讃岐（香川県）へ流罪となる。

讃岐で崇徳帝は、激しい憎悪を積み重ねていった。そしてその憎悪がはっきりとした

絵画に描かれた崇徳天皇。かつての帝は讃岐で天狗になったともいわれ、いまもその存在は恐れられている。

形をとり始めるのは、それからのことだった。

◆棺からあふれた真っ赤な血

讃岐で、まず何をしたのか。

崇徳帝は自分の指を切って流れた血で大乗経を写経し、それを京都に送りつけて、京都へ帰してくれるよう懇願したのだ。しかし、その異常な行動が恐れられて写経はそのまま送り返されてしまう。

激怒した崇徳帝は「この写経の功力を三悪道に投げ込み、その力をもって**日本国の大魔縁とならん**」と宣言し、舌を噛み切り、その血で呪詛の文言を書き足して海へ沈めた。

それ以降は、髪も爪も切らず伸ばし放題だったことから異様な風貌となり、生きたまま天狗になったという伝説まで生まれた。

そして、配流されて9年後の1164年、ついに朝廷と皇都を呪いながら崇徳帝は讃岐の地で没するのである。

しかし、それで終わりではなかった。

帝に仕えていた者たちが崇徳帝の遺体を納めた棺を運んで、埋葬場所である白峰山を目指している途中のことである。高屋の阿気《あけ》という場所で突然天候が悪くなり、真っ黒い雲が広がって激しい雷雨となった。

一行は棺を大きな石の上にのせて雨をやり過ごそうとした。すると、置いた棺の中からものすごい勢いで血があふれ出したのだ。

棺をのせていた大きな石はみるみる真っ赤に染まった。人々は、**死んでもなお血をたぎらせている崇徳帝の執念**におののいた。

その石は近くの高家神社に納められたが、以来この神社は「血の宮」と呼ばれるようになった。帝の血で染まった石は、いまでも見ることができる。

崇徳天皇を祭神として祀っている「崇徳上皇白峰神宮」

その後一行は白峰山頂で帝を火葬にしたが、その煙が風向きとは関係なく京都の方向へと流れていった。人々は、これもまた崇徳帝の執念だと恐怖した。

崇徳帝の怨念は、その後も京都の町を騒がせ続け、とくに1177年には京都市内で連日のように火災が続いて、皇居をはじめとして多くの建物が焼失した。

そこで朝廷は1183年に保元の乱の戦場跡に粟田宮を建てて崇徳帝の霊をなぐさめた。これが現在残っている御廟となる。

◆平氏を滅ぼしたすさまじい恨み

ところが、1185年に、屋島の戦いが

起こる。いうまでもなくこれは、源氏と平家とがぶつかり、平家滅亡のきっかけとなった戦いである。そしてこの屋島は、崇徳帝の遺体が焼かれた白峰山とわずか十数キロしか離れていない。

さらに平家の棟梁である平清盛は、保元の乱で後白河天皇側について崇徳帝を打ち破った張本人である。そして、その清盛は1181年に崇徳帝のたたりを受けて狂い死んだと伝えられており、清盛を失った平家は、この屋島の戦いを経て壇ノ浦の戦いによって完全に滅ぶことになる。

つまり崇徳帝は、**憎き平氏を源氏と衝突させることで滅亡に導いた**というわけだ。

当時の人々の多くは、白峰山の頂から憎悪に燃える眼差しで敗走し滅んでいく平氏の姿を眺めている崇徳帝の姿を思い描いてふるえあがった。

伝説の中では天狗というものは人に戦を起こさせるといわれる。天狗伝説まで生まれた崇徳帝の姿は、その天狗と重なっていたのである。実際、あとに書かれた軍記物語『太平記』では、天狗の姿として描写されているのだ。まさに崇徳帝は、日本の歴史に残るほどの怨みの権化だったといえる。

お岩さんがまつられているふたつの神社

【東京都新宿区】

◆お岩さんの稲荷はふたつある

東京の地下鉄丸ノ内線を四谷三丁目駅で下車して、信濃町方面にしばらく歩く。途中で左に曲がった裏通りに、ななめ向かいあわせに建っているふたつの社寺がある。いずれも、史上最恐といわれるたたりで有名なお岩を祀ったものだ。

まず、左門町17番地にあるのが、於岩稲荷田宮神社である。説明書きには、この地に350年前にあった田宮家の守り神として建てられた稲荷神社であり、田宮家の2代目にあたるお岩もこの稲荷神社を深く信仰していたと説明されている。

そしてもうひとつ、左門町18番地にあるのが、於岩稲荷陽運寺である。境内には「於岩様生誕之地」の石碑があり、説明書きには鶴屋南北の『東海道四谷怪談』で名高い田宮家の邸跡であることが記されている。

どちらが「本家」であるかの争いは、**裁判沙汰**になりながらも結局は結論が出ないいまいまに至っている。すぐ近所にふたつのお岩稲荷が存在するというのは、当のお岩も想像しなかったかもしれない。

◆怪談のもとになったおそろしい実話

いわゆる「お岩さん」といえば、「貞女でありながらも夫に惨殺された女が、その恨みから幽霊となって復讐を果たす」というのが基本的なストーリーである。

鶴屋南北の歌舞伎狂言『東海道四谷怪談』や落語『四谷怪談』などで知られ、それぞれに少しずつ異なった脚色をされているためにいくつかのバリエーションがあるが、基本的には次のような流れになっている。

左奥が陽運寺、右手前が田宮神社

田宮又左衛門という武士の娘であるお岩は、伊右衛門という男を婿養子にもらうが、夫婦仲はよく、収入が乏しい夫を助けるためにお岩も奉公に出て家計を支えていた。

ところがあるとき、たいそう金持ちの家の娘が伊右衛門に恋をした。伊右衛門のほうも金に目がくらみ、娘といっしょになりたいと考えた。そこで使用人に「お岩の食事に、毎日少しずつこれを混ぜていけ」と命じて、ある薬を手渡した。

それは**大変な毒薬**で、お岩は日に日に衰弱していき、髪の毛もみるみるうちに抜けてきて、おまけに顔の半分が少しずつ崩れてきた。そして気がつけば、見るも無残な顔立ちになっていた。

周囲の者はそんなお岩を怖がり、忌み嫌い、むごい仕打ちをするようになる。やがてお岩は人々を怨みながら死んでいく。しかし、金持ちの女と幸せに暮らす伊右衛門や周囲の人々に恐ろしいたたりをなして次々と死に追いやり、お岩は復讐を果たす。

お岩のおどろおどろしい容貌とあいまって底知れぬ恐怖を醸し出す恐ろしい話だが、それだけに「よくできた創作」だと思われることも多い。しかしじつは、モデルとなった事件が実際に起こっているのである。つまり、**お岩の怪談は実話なのだ。**

◆真・お岩さんの一生

ただし、これはあくまでも脚色されたストーリーだ。実際にはどんな事件だったかは、諸説あって確かではない。そんな中で、真実にかなり近いのではないかと考えられているのが、1827年に記された『四谷町方書上』という記録に残されたものである。

それによれば、お岩の事件が起こったのは、その記録よりもさらに約100年前、忠臣蔵の事件が起こったころのことだとされている。

お岩はもともと病気のために片目が不自由で、**容貌が非常に醜かった**ようだ。父親は

於岩稲荷陽運寺

武士だったが、病弱だったためにお岩の行く末を心配し、伊右衛門という貧しい浪人を婿にとった。伊右衛門はお岩があまりにも醜い容姿だったことに驚いたが、しかしお岩の父の跡を継げば武士になれることから、我慢して婿入りをする。

それから7、8年が過ぎたころ、伊右衛門の上役の妾が妊娠した。困った上役は伊右衛門に「金をつけるから女を引き取ってくれ」といって妾を押しつけてしまう。金に目のくらんだ伊右衛門は、まずお岩をわざと虐待し、自分は毎日遊び暮らした。

見かねたお岩は、夫に反省を促すためにしばらく家を離れて奉公に出る。ところが、それは伊右衛門の思うツボだった。お岩が出ていったあとで妾を招き入れ、おまけに子供までつくってしまうのだ。

その噂を聞いたお岩が様子を見るために家に帰ると、やはり噂は本当だった。驚いたお岩は怒り心頭、恐ろしい形相で走り去ると、それっきり行方知れずになってしまった。

そしてその後、悲劇が起こる。伊右衛門のもとへ来た女や、その子供たちは変死、伊右衛門も病気になって床につく。また、**伊右衛門の悪巧みに加担した者たちが次々と変死していく**。その数は18人にものぼったという。どこかで死んだお岩が、その怨みから執念を燃やし、**呪い殺したのだ**と思われた。

細かい部分での違いはあるが、これがお岩をめぐる実際にあった事件のあらましである。にわかに信じにくい話だが、実際に起こった女性の失踪事件が少し誇張されて伝えられているともいわれており、少なくともこれに近いことが起こったのは確かである。

◆ふたつの稲荷の長くて深い確執

この後、田宮家ではお岩の霊を鎮めるための稲荷が祀られた。左門町17番地にある於岩稲荷田宮神社がそれにあたる。それでは現在、なぜこの於岩稲荷田宮神社のつい目と

於岩稲荷田宮神社

鼻の先に、もうひとつ於岩稲荷陽運寺があるのだろうか。これもまた、ひとつの不思議である。

　じつは、その理由ははっきりわかっていない。於岩稲荷田宮神社が繁栄しているのを見た者が、お岩の物語の別のバリエーションを考えて、それを噂話として世間に広め、それに基づいて陽運寺をつくったともいわれているが、その事情は不明のままだ。

　ただし、現在のように両者がほぼ向き合っている事情はわかっている。明治新政府は神社を「国家の宗祀」とし、国民を神社ごとに統合する政策を進めた。そのとき、人心を惑わす怪しげでいかがわしい宗教を弾圧する中で、当然、ふたつの於岩稲荷も潰されようとした。

しかし、於岩稲荷は民衆に人気があって繁盛していたために、政府の圧力に屈することなく、**両者は互いに相手を「邪教」として攻撃し合っていた**のである。だが、なかなか決着がつかない争いにうんざりした田宮神社のほうは、1879年、町内の火事をきっかけにして中央区に移転したのだ。

ところが残った陽運寺は繁盛を続け、やがて「本家」を名乗るようになった。これを見て田宮神社は、陽運寺のある四谷へと再び移転した。1952年のことである。

このような事情から、現在は同じ町の1番違いの番地に、ふたつの於岩稲荷が存在するようになったのだ。いずれにしても、すぐ近くにあることもあって、現在ではどちらにも訪れる人は多く、お岩人気は不動のものである。

とくに芝居や映画などで「四谷怪談」を取り上げるときには、**出演者が田宮神社に参拝に来なければたたりにあう**といわれ、現在でもその習慣は続いている。実際、きちんと供養をしなかったために、現場で関係者が怪我をしたり、役者が急病になった、中には急死したという実話もある。

大都市東京の真ん中で、お岩の持つ恐ろしい力はいまも生き続けているのである。

エリートから怨霊へ 菅原道真の恨み

【福岡県太宰府市】

◆政争ですべてを失った超エリート

菅原道真といえば、現在では学問の神様として知られる。その終焉の地である太宰府は、学問祈願をする人をはじめ多くの観光客を集めている。

８４５年に生まれた道真は幼いころから文才に優れ、政治に関する文章を練るなどして朝廷内での力を伸ばし、文人社会の中心的存在として力をふるった。しかし、順調に出世街道を歩む道真を妬む者や敵も多かった。

そんな中で藤原時平は、「道真が、醍醐天皇を退けて、自分の娘を嫁がせた斎世親王を皇位につけようと企んだ」という中傷をおこない、道真はあらぬ嫌疑をかけられる。もちろんこれは時平の陰謀だった。

しかし道真はこれがもとで大宰府に**左遷**され、4人の子供もそれぞれ**流刑**となる。そして903年に、そのまま大宰府で悲運のうちに没したのである。

道真の遺骸を牛車で運んでいたところ、いきなり牛が歩みを止めてしまったので、そこに埋葬される。それが現在の太宰府天満宮の場所だと伝えられている。

しかし、道真の死は、もうひとつの道真伝説の始まりでもあった。優れた文人として才能を発揮した道真とは正反対の、**恐ろしいたたりをなす者としての道真**に人々が恐怖し始めたのだ。なぜなら道真に反感を抱き、陰謀をめぐらせ追い詰めた人々への延々と続く復讐の連鎖が始まったからだ。

◆たたりが次々と人の命を奪っていく

まず908年、道真の無実を訴えようとした宇多上皇が皇居に入るのを邪魔した藤原

太宰府天満宮

菅根《すがね》が落雷で変死したのがきっかけだった。

翌年には、道真を大宰府に追いやった藤原時平が39歳の若さで死去する。このときは、急病で床に伏せっている時平を加持祈祷《かじきとう》で救おうとした僧の目の前で、時平の耳から龍の形をした道真の怨霊が出てきて僧に加持祈祷をやめるように迫った。僧がいわれたとおりにすると、時平の容態が急変して息を引き取ったとされる。

翌910年からは、ほぼ毎年のように京都で洪水や大火、大風、渇水が続いて大きな被害が出る。また疫病が流行した年もあった。

さらに913年には、道真の後任となっ

た右大臣源光が急死し、923年には藤原時平の妹と醍醐天皇の間に生まれた皇太子保明親王が21歳の若さで死去する。

そこでようやく醍醐天皇は、道真を従二位太宰権帥《ごんのそち》から右大臣に復帰させ、さらに高い地位を贈ってそのたたりを鎮めようとした。

しかしその甲斐もなく、925年には保明親王と藤原時平の娘との間に生まれた皇太子の慶頼王《やすよりおう》が幼くして死んだ。

そして、さらに悲惨な事件が起こる。930年6月26日、清涼殿において醍醐天皇を中心にして太政官の会議が開かれていた。この年、平安京周辺はまれに見る大旱魃に襲われ、雨乞をすべきかどうかを話し合うことになっていたのだ。

ところが午後になっていきなり雨雲が垂れ込め、激しい雷雨となり、ついに**清涼殿の南西の柱に落雷した**。このために大納言民部卿藤原清貴ら**多くの貴族が身体を焼かれて死んだ**のである。これが世にいう清涼殿落雷事件である。かろうじて死ななかった者も、雷に撃たれて重傷を負い、次々とその場から運び出された。これこそまさに菅原道真のたたりだとして恐れられた事件だった。

とくに藤原清貴は、時平に命じられて菅原道真を監視した人物である。その清貴が無残な死に方をしたのは、まさに道真の復讐だと騒がれた。

それはあたかも道真が雷をあやつったかのように思われ、道真は「天満大自在天神」という雷神になったという噂も広まったのだ。

怒りの表情を浮かべる菅原道真。そのパワーはいまは神力として発揮されている。

◆左遷が撤回されて神様になる

醍醐天皇は、落雷事件当日は難を逃れた。しかし、恐ろしい惨劇を目にしたショックから３ヵ月後に死去する。もちろん、これもまた道真の仕業とされた。

興味深いことに、同じ藤原氏でも時平の弟である藤原忠平にはなんの災いも起こらず、時平亡きあと政治の世界で台頭していく。

じつは忠平は、道真が朝廷内で孤立していた時期にもその争いの中には加わらず、また道真が太宰府に流されたあとも手紙を送るなどしてなぐさめていた。だからこそ道真のたたりが及ばなかったと人々は受け止めた。

逆にいえば、時平らは、まさに道真の怨みを買い、たたりの標的にされたのである。そこには、自分を不幸におとしいれた人々への復讐心を燃やす道真の強い意志が感じられる。

朝廷は、なんとかして道真の怨みを鎮めようと考えた。そこでまず、道真の**左遷を撤回し**、**太宰府を整備した**。そして道真に太政大臣などの位を贈った。また、９４７年に京都の北野に道真を祀る社殿が造られた。これが北野天満宮の誕生である。

その甲斐あって、道真のたたりとされていた天変地異はようやくおさまったのである。そして、これをきっかけにして、京都の北野天満宮と九州の太宰府天満宮を拠点とした天神信仰が全国に拡大していく。それが現在、各地に見られる「〇〇天神」「〇〇天満宮」といわれる神社の広がりにつながっているのだ。

東京のど真ん中にある将門の首塚

【東京都千代田区】

◆「新皇」として兵をあげた将門

千代田区大手町1丁目2番地1号。

日本有数の金融街のど真ん中、近代的なオフィスビルが建ち並ぶ中に、一箇所だけ樹木が生い茂り、まるで別世界のような場所がある。その奥まった一画には塚が建てられ、「平将門　蓮阿弥陀佛　南無阿弥陀佛　徳治二年」の銘が刻まれている。

これが平将門の首が葬られているとされる首塚である。

首都東京の中心でいまだにたたりが恐れられ、周辺のビルでは机を置く際に**首塚に尻を向けないように配慮される**という話まであるが、その発端は何だったのだろうか。そもそも、なぜ平将門の首が、このような場所に埋葬されているのだろうか。

平将門は10世紀前半に生きた関東地方の有力な武将だ。一族内に起こった領地争いや女性問題をめぐって内紛を起こし、その勢いに乗って、938年、大規模な反乱を起こして関東を手中に収め、さらに関東の有力な豪族たちを従えると、**「新皇」と称して朝廷への反旗を翻した**。いわゆる、承平天慶の乱である。

もちろん朝廷からすれば、将門はとんでもない逆賊だ。すぐに討伐命令が下された結果、将門は平貞盛と藤原秀郷との連合軍に敗れ、流れ矢に当たって命を落としている。

首は切り離され、胴体は戦場だった茨城県内に埋葬されたが、首のほうは京都に運ばれて、朝廷に逆らった反逆者として、京都の都大路でさらし首になった。

◆怨霊となって大暴れする

ところが、2月に斬られた首はいつまでも腐る気配がなく、3月になっても目がカッ

将門の首塚

と見開いたままの恐ろしい形相で、

「わが五体はいずれのところにかあらん。ここに来たれ。頭《くび》ついで、いまひと軍《いくさ》せん」

と、わめき続けていたという。

そしてついに、自分の胴体を求め、怪光を放ちながら舞い上がり、東の空に向かってすさまじい勢いで飛んでいったのである。

死んでもなお将門の怨念は絶えることなく、なんとかしてもう一度戦いたいという執念が、そのような**怪異現象**を起こしたのである。

しかし胴体のある場所までたどり着くことなく、首は途中で力尽きて落ちた。それが現在の首塚の場所なのだ。

いまでこそ金融街の真ん中にあるが、当時このあたりは日比谷の入江に近いひなびた漁村だった。首を拾ったのは付近の漁民だったという。人々はすぐに将門神社をつくって祀ったが、その後津波によって神社が破壊されてからは、もうだれも供養する者がいなくなり、忘れられた存在となる。

ところが、奇妙なことにそれ以後、**天変地異**や**災害**、**疫病の流行**などが相次ぎ、これこそが将門のたたりに違いないといわれるようになったのだ。

そこで1305年、真教上人という僧が首塚を供養し、将門に「蓮阿弥陀仏」の法号を贈って、神田明神（現在の神田神社の前身）を建てた。それでとりあえず将門のたたりがおさまったと伝えられている。

将門の執念の恐ろしさは古くから知られていたわけだが、のちに、その**将門の力を利用しようとした人物**がいる。

徳川家康だ。

ここはもともとは神田明神の神域だった。1603年に江戸幕府を開いた家康は、この将門の力を借りて江戸を守ろうと考え、江戸城の鬼門方向の守護神とし、将門の首塚のある神田明神を江戸の「総鎮守」として手厚く保護したのである。

平将門を神として祀っている神田神社。江戸城の鬼門封じの役目も果たしている。

その後、神田明神は現在の神田へと移転するが、首塚だけは、首が落ちたとされる現在の場所に残されたままとなる。

ちなみに、「神田」という地名の由来は、「からだ」からきている。つまり、将門が自分の身体を求めてここで力尽きたことにちなんでいるという説もある。「神田」と将門には意外な接点があるのだ。

しかし、それで終わったわけではない。その首塚は、近代になっても力が衰えることはなかった。それどころか、都市として目覚ましい発展を遂げる東京の中にあって、そのたたりの本領を発揮し始めたのである。

◆GHQさえ動かせなかった首塚

1923年に起こった関東大震災以降、東京は生まれ変わろうとしていた。そんな中、当時の大蔵省は、耐震復興整備の名目で首塚を壊し、仮庁舎を建てた。それが、首塚のたたりの始まりだった。

塚の破壊に直接携わった工事関係者や大蔵省の役人たちの間に次々と死者が出たのだ。大蔵大臣だった早速整爾《はやみせいじ》が急死したのをはじめ、**死者は2年間で14人にものぼった。**そして、原因のわからない病気や怪我がそれ以上に相次いだのだ。

将門のたたりに違いない――。

そんな声が強くなり、4年後の1927年、ついに仮庁舎は取り壊され、あらためて首塚がつくられて将門の鎮魂祭もおこなわれた。

ところが、それでは済まなかった。将門没後1000年にあたる1940年、落雷によって大蔵省が全焼したのである。将門の怒りはおさまっていなかったのだ。その恐怖から、あらためて慰霊祭がとりおこなわれたのはいうまでもない。

さらには戦後、GHQが首塚を取り壊して駐車場にしようとしたことがある。ところ

将門の首は京都でさらし首にされたが数カ月たっても目を見開き夜な夜な叫び声をあげ、東に向けて飛んでいき首塚がある場所に落ちたとされる。

が、工事車両が横転して運転手が下敷きになって死亡する。

政府はGHQに「**昔の偉大な酋長**が眠っている」と説得し、結局**GHQは工事を諦めた**。

つまり、さまざまな時代で将門は、その恐ろしいたたりをもって自分の首塚を守ってきたのだ。その結果、いまではこの首塚をおろそかにすることはタブーとされている。

現在でも、きちんとお参りをしない近隣の銀行や企業は業績不振から倒産するなどの噂があり、首塚にはいまも線香の煙が絶えないのである。

都心の一等地でありながらいまだにその

執念を燃やし続ける将門の首塚は、まさに歴史に残された**都会のブラックホール**なのである。

第三章
人の恨みが集まる場所

歌川国歳画「こはだ小平次

呪いのわら人形が集まる神社

【京都府京都市】

◆美しい神社の裏の顔

京都市内には、おもに左京区を走る叡山電鉄鞍馬線という電車がある。その貴船口という駅で下車して約30分も歩くと、貴船神社にたどりつく。

「貴船」という名前に加えて、雨乞祭や水まつりといった行事がおこなわれるところをみると、水に縁のある神社だということがわかる。

記紀神話では、海神の娘で神武天皇の母とされる玉依姫《たまよりびめ》が、「黄船」に乗って淀川、

貴船神社奥の院

鴨川から貴船川をさかのぼり、その奥宮の地の水が湧き出る場所に祠を建てたのがそもそもの始まりだといわれている。玉依姫が乗っていた黄船は、いまも「船形石」として社殿の西側に残っている。

これだけなら普通の神社だが、しかし、そうではない。

この神社を訪れて、奉納された絵馬を見ると、やや異様なことに気づく。**恋敵など恨み憎しみを抱いている相手が病気で苦しんだり死んだりすることを祈る文句**が多く書かれているのだ。

そこには、この貴船神社のもうひとつの顔ともいうべき一面がひそんでいる。

ここは**人を鬼にする神社**であり、人を恨み、呪い、苦しめてやりたいという願いが渦巻いている場所なのだ。

なんとも恐ろしい話だが、一見ごく普通の神社なのに、なぜそんなことになったのだろうか。

じつは、この貴船神社こそあの「丑《うし》の刻参り」が始まった場所なのである。

◆はじまりは恋の恨み

白い着物を身にまとい、髪を振り乱し、顔には白粉を塗り、歯はおはぐろ、唇には真っ赤な紅を塗り、頭には鉄輪をつけて、その鉄輪には火のともった蝋燭が3本立っている。

さらには、口に櫛をくわえ、足にはいているのは歯の高い下駄。恨みのこもった目をカッと見開き、神社の古木に結びつけた藁人形に五寸釘を打ち込む——。

いわゆる丑の刻参りの姿である。といっても、その姿を人に見られてはならない。これを7日間続けて、帰る途中で黒い大きな牛が寝そべっていたら、それを怖がることなく乗り越えて帰ることができれば見事に呪いが成就する。

信じられないような話だが、少なくとも現在の日本には呪いによって他人を殺したり

宇治の橋姫。頭に立てた３本の蝋燭が特徴的である。（鳥山石燕画）

苦しめたりする行為を罰する法律はないので、実践する人もいるかもしれない。

『平家物語』の剣巻上によると、この貴船神社で初めて丑の刻参りをおこなったのは宇治の橋姫という女性だったという。

宇治の橋姫は、嵯峨天皇の時代に実在した公家の娘だといわれる。

嫉妬深い橋姫が自分の恋した男と結ばれたほかの女を恨み、呪詛の神として名高い貴船神社に7日間こもり、**「願わくば生きながら鬼に成したまえ、妬ましと思はん女をとり殺さん」**と祈ったところ、「鬼になりたくば姿をあらためて宇治の河瀬に行きて三十七日浸るべし」という貴船の神のお告げがあった。

橋姫はさっそく冒頭のような姿をして、夜更けの京都に現われ、神のいいつけに従った。その甲斐あって、念願かなって鬼の姿になることができた。

そして自分の恋路を邪魔する女や、自分への気持ちがさめてしまった冷たい男などをとり殺してしまったという。

◆鬼になるための秘密の儀式

おもしろいのは、丑の刻参りの結果、宇治の橋姫自身が鬼に変身するというところだ。恨みを抱いている人の代わりに鬼が恨みを晴らしにいくのではない。あくまでも宇治の橋姫が**「自分を鬼にしてほしい」**と頼んでいる。

貴船明神は、宇治の橋姫が鬼になるにふさわしい人間かどうかを判断し、それを許した、ということになるわけだ。

実際、貴船明神は宇治の橋姫に対して「まことに申す所不便《ふびん》なり」と、深く同情している。つまり、丑の刻参りとは、**自分自身が恨みの権化としての鬼に変身するための儀式**ということになる。

左の絵画に書かれている説明文は以下の通り。
「丑時（うしのとき）まいりは胸に一つの鏡をかくし頭に三つの燭（ともしび）を点じ丑三つの頃神社にまうで杉の梢（こずえ）に釘うつとかや。はかなき女の嫉妬より起りて人を失ひ身をうしなふ。人を呪詛（のろわ）ば穴二つほれとはよき近き譬（たとえ）ならん」

もっとも、宇治の橋姫がおこなった丑の刻参りでは五寸釘や藁人形は使われていない。それらが使われるようになったのは、もっとあとの時代のことである。

室町時代につくられた謡曲「鉄輪《かなわ》」の中で陰陽道の人形祈祷と丑の刻参りが結びついたことから生まれた新しい形だというのが通説になっている。

そして、それがひとつの様式となり、江戸時代に丑の刻参りという習俗が広まったといわれている。

じつは現在でも、貴船神社の奥にある参道の木に五寸釘で打ち付けられた藁人形が見つかることがあるという。

「他人に見られてはならない」が丑の刻参

りの決まり事だから、人目につかないようにして丑の刻参りをしているのだと考えられる。

つまりは、貴船神社から放たれた「鬼」がいまもどこかでさまよっているかもしれないのだ。

じつは同じ貴船神社の中には縁結びの神として知られる磐長姫命も祀られており、多くの人々が祈願に訪れる。愛を育みながらも、ひとつ間違えば「鬼」にも化身する、まさに**人間の愛の営みのすべてを飲み込んでいる**のが、貴船神社なのかもしれない。

信長にみな殺しにされた伊賀の人々

【三重県伊賀市】

◆いまもひっそり残る伊賀衆のなごり

三重県の西部には、かつて伊賀と呼ばれる国があった。時代劇などでおなじみの伊賀忍者が生まれた土地である。また、俳人・松尾芭蕉の故郷としても有名だ。町には築城の名手として名高い藤堂高虎が改築をおこなった伊賀上野城や、忍者に関する博物館などもある。

伊賀の南部に位置する名張は宿場町として栄えたところで、いまでも街道はそのころの面影を留めている。渓谷が美しい赤目四十八滝なども人気観光スポットだ。

この名張の丘陵のふもとに、ほとんど森と化したような古い遺跡が残っている。観光客でにぎわう伊賀上野城とは違い、ひっそりとしたこの地にたたずむのは柏原城の跡だ。

柏原城――それは、伊賀衆がみな殺しにされた**「天正伊賀の乱」**で、**最後の砦となった場所**なのである。

◆信長を激怒させた信雄の失敗

伊賀国は周囲を伊勢、大和、近江、山城に囲まれた盆地で、東西は約30キロ、南北は約38キロという小さな国である。1581年、織田信長はこの小国に向けて、4万4000もの軍勢を送り込んだ。

たかだか数千人程度だったといわれる伊賀衆に対して、この大軍はあまりにも大げさすぎるようにみえる。だが、数年前からこの地を狙っていた信長は、2年前に伊賀衆に苦杯をなめさせられた経験を持っていたのだ。

近鉄伊賀線の丸山駅から南東に400メートルほど行くと、丸山城跡がある。ここは

柏原城跡（福井健二『城と陣屋156・伊賀柏原城』より）

伊賀平定をもくろんだ、伊勢国司の北畠具教《とものり》が築城を始めた城だ。

だが、途中で信長の次男・信雄《のぶかつ》の策略にはまり、彼は自害させられてしまうのだった。

信雄は伊賀攻略の拠点にしようと築城を続行するのだが、1579年、伊賀衆に襲撃されて大打撃を受けたうえ、落城させられてしまったのである。

1万もの兵を備えていながら、伊賀衆のゲリラ戦術に大敗を喫してしまった信雄の失敗は、**信長を激怒させた**。

そこで、伊賀を徹底的に壊滅させるべく、信長は万全の備えを整えて侵攻したのである。

◆血祭りにあげられた伊賀の人々

伊賀国への6つの出入り口はすべて織田勢に固められた。伊賀衆が逃げ出すのを防ぐとともに、勢力を分散させようという狙いである。

ほら貝や太鼓が打ち鳴らされ、いっせいに大軍がなだれ込む。鉄砲が乱れ撃ちされ、家からも寺院からも火の手が上がった。

圧倒的な数の差はもちろんのこと、もともと伊賀衆は多数の地侍《じざむらい》（古くからその土地に住む侍）の集まりで、全体としての指揮系統が弱い。強力なリーダーシップを持つ信長の指揮の下、組織だった動きを見せる織田勢にはかなうはずもなかった。

やがて、**信長に寝返る者**も現れる。伊賀の勢力は分断され、中部の者は国見山に、北部の者は比自山に立てこもって抵抗するものの、あっけなく敗れてしまう。人々は散り散りになって敗走するしかなかった。

伊賀衆は次第に南部へと追いつめられていく。かろうじて逃げ延びた者たちが、最後に結集したのが柏原城だ。東には森が広がり、残りの三方も生い茂る高い木々が城を隠していた。

織田信長の次男・信雄。伊賀攻略に失敗した信雄は一時、親子の縁すら危うくなるほどの怒りを信長から受けた。

目前の盆地には織田軍がひしめいている。ここに立てこもったからといって、生きる望みが増すわけではない。それでも、むざむざと白旗を揚げるわけにはいかなかった。

「夜まで持ちこたえられれば……」

そんな思いもあったことだろう。忍術の心得がある彼らなら、夜陰に乗じて逃げ出すことも可能だったからだ。

しかし、信長はそれを見抜いていた。たくさんの松明を灯して周囲を赤々と照らし出し、逃げた者たちをことごとく捕らえて殺した。

このとき、筒井順慶も大量の殺戮をおこなったことが伝えられている。信長から、

「伊賀衆に対する態度が手ぬるい！」と厳しく叱責された順慶は、山中に潜んでいた者の首を次々とはねていった。その数は、1日に300にも500にもなったという。**男も女も、子供も年寄りも、とにかく人の形をしたものはすべて殺された。**

何度か激しい戦いが繰り広げられたものの、抵抗しきれなくなった伊賀衆は、ついに降伏して城を明け渡した。柏原城に立てこもったのは1600人ほどだったといわれるが、その後、彼らがどうなったかについては、何も伝えられていない。

◆信長が伊賀を狙ったわけ

天下取り目前という信長が、なぜここまで執拗に伊賀国を攻めたのか。有力な武将がいるわけでもない小国など、放っておいても信長の脅威になるはずもなかった。

その理由のひとつとして考えられているのが、「惣国《そうこく》」と呼ばれる伊賀の独特な政治システムだ。伊賀では多数の地侍がそれぞれの自治体をつくり、それらが談合して国を動かしていた。どこかひとつが突出するのを防ぐため、情報収集を担う忍者が発達した

柏原城の空堀跡（上）と城址碑（下）。いまは遺構が残るのみだが、空堀は一部二重になっていた。城址碑には「天正伊賀乱四百年記念　決戦之地柏原城」とある。（写真:ぶん）

ともいわれているのだ。

自分を中心とした強力な中央集権国家を目指す信長にとって、このような自治システムは認められるものではなかった。

天正伊賀の乱では、伊賀の国中が燃え、仏像や教典が打ち壊されたと伝えられるが、このときふたつに割られたお地蔵さんが、いまでも**「首切り地蔵」**と呼ばれて残っている。

伊賀衆の心のよりどころまでも消し去ろうと、信長が破壊したのだ。

天正伊賀の乱のあと、伊賀からは一時人影が消えたという。柏原城の跡からは、無念の思いを抱えて死んでいった亡者のすすり泣きが、いまも聞こえてくるようである。

平家の人々の無念がいまも残る壇ノ浦

【山口県下関市周辺】

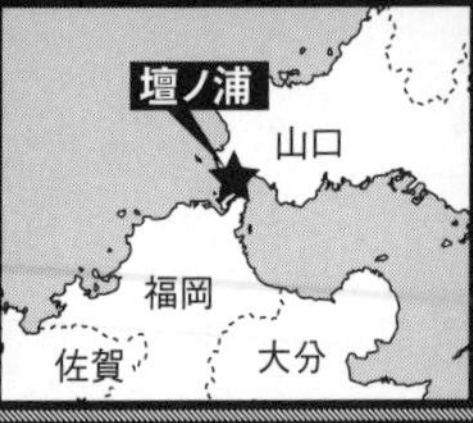

◆源氏対平家の最後の舞台

「祇園精舎の鐘の声、諸行無常の響きあり」の有名なフレーズで始まる『平家物語』。平家一門の栄華と没落を描いたこの物語のクライマックスともいえるのが、壇ノ浦の合戦だ。

壇ノ浦は現在の山口県下関市で、このあたりには源平合戦にまつわる名所も多い。JR山陽本線の下関駅からバスで10分ほどの御裳川《みもすそがわ》公園には、「壇ノ浦古戦場址」の石碑

碇を体に巻きつけ入水する平知盛の像

も建てられている。

2キロほど先の対岸は、北九州市の門司だ。この狭い海域に横たわる関門海峡は流れが激しく複雑なことで知られ、1日に2回も流れの方向を変えるという。

いまでも海の難所として有名な関門海峡を舞台に、**源平最後の合戦**はおこなわれた。戦いに敗れた平家一門、そして、まだ8歳だったといわれる安徳天皇までもがこの海の底に沈んでいったのである。

◆追い詰められる平家

栄華を極めた平家だったが、清盛の死をきっかけとして凋落の一途をたどることになる。源頼朝の挙兵に端を発した源氏の勢いを止めることはできなかったのだ。

このとき源氏の大将として目覚ましい活躍を見せていたのが**源義経**である。平家も果敢に戦いはしたものの、一ノ谷の合戦にも、屋島の合戦にも敗れ、長門国《ながとのくに》（現在の山口県西部）まで追いつめられていた。

平家を追ってきた源氏の水軍は、奥津に500艘の船を並べた。奥津は満珠島《まんじゅ》・干珠《かんじゅ》島あたりのことを指す。源氏の白旗が海を覆い尽くした。一方、平知盛を大将とする平家の水軍は田ノ浦沖に陣取る。こちらも800艘という大船団だ。両者はおよそ3キロの距離を挟んで対峙した。

1185年3月24日、合戦の合図を告げる鏑矢《かぶらや》が放たれ、戦いが始まった。追い潮に乗った平家は、源氏へと突進する。戦いは潮の流れを味方につけた平家が有利に見えた。しかし、義経は用意周到だった。事前にこのあたりの地形や、潮の流れを調べ上げていたのだ。

潮に流されることを嫌った源氏は船を岸に寄せる。彼らを仕留めようと追ってきた平家の船が近づくと、浜辺に潜んでいた源氏の兵がいっせいに矢を射かけたのである。平家の兵士は矢に射ぬかれるか、ほうほうの体で逃げ出すしかなかった。

壇ノ浦の戦いの舞台は海の上だった。潮の流れを駆使して戦った平家だったが、最後は源氏に軍配が上がった。

◆平家の人々をすべて飲みこんだ海

これに負けたらあとがないことを知っている平家は、必死で戦った。

大将の義経を討ち取れば、源氏も総崩れになるに違いない。猛将として名高い能登守教経は、何度も義経に切りかかる。そのたびに義経はいくつもの船へと飛び移り、教経の刃をかわした。

戦況に変化が生じたのは午後だ。潮の流れが変わったのである。

源氏に有利になった潮に乗り、猛攻撃が始まった。次々に平家の兵士が討ち取られていく。ついに、残っているのは平家一門が乗った船と安徳天皇の御座船だけになってしまった。

最後のときがきたことを悟った知盛は、みなにそのことを告げる。清盛の妻である二位尼は安徳天皇をかき抱くと、

「海の下にも都がありましょう」

と、天皇もろとも海に身を投げた。ほかの者もあとに続く。すべてを見届けた知盛は、

「見るべき程のことは見つ、いまは自害せん（すべて見届けた。いまは自害しよう）」


という言葉を残して入水し、二度と浮かび上がることはなかった。

あとには主をなくした船と、引きちぎられた両軍の旗だけが海に漂っていた。

◆義経の奇策で勝敗が決まる

壇ノ浦の合戦の勝敗を決めたのは、潮流の変化だったといわれる。たしかに、午前8時半ごろに始まる平家に有利な流れは正午前にいちばん激しくなり、午後3時ごろから源氏に有利な方向へと変わるのだ。

しかし、潮流よりも義経の策略が決め手だったという見方がある。義経は**船のこぎ手**

とかじ取りを矢で狙うという奇策を用いたのだ。当時の船は幅が狭く、こぎ手とかじ取りは横に張り出した板の上で船を操っていた。この無防備な彼らを射殺して、船の操舵を不能にしたのである。

もちろん戦闘は勝たなければ意味がない。とはいえ、戦闘員でない者を狙うというのは、あまりにも卑怯な方法だったと言えよう。

平家ガニの模型（©misooden）

こうした平家の無念を反映するかのように、壇ノ浦にはさまざまな言い伝えがある。平家ガニの甲羅は人の顔のように見えるのだが、ここには**平家の怨念**が表れているのだといぅ。

また、壇ノ浦を見下ろす赤間神宮には、七盛塚と呼ばれる平家一門の供養塔が建てられている。

伝説によれば、江戸時代に海が荒

れて漁師の遭難が続いたため、これは平家の怨念に違いないとこの塚を建てたところ海が鎮まったのだそうだ。

壇ノ浦の海には、滅亡に追いやられた平家の怨念がいまも漂っているのかもしれない。

キリシタン1万人の首が飛んだ大虐殺

【長崎県南島原市】

◆きびしい年貢とキリシタンへの迫害

島原半島南部の長崎県南島原市。

ここに、かつて島原・天草の乱の舞台となった「原城跡」がある。

天草四郎を総大将とした約3万7000人のキリシタンが幕府軍の総攻撃に遭い、この地で**皆殺しにされた**のだ。しかも、**その半分以上が女性や幼い子供だった。**

有明海を望む美しい岬につくられた原城で、なぜ、このような惨い虐殺が起こってしまったのだろうか。

そもそもの原因は、この地の農民が重い年貢と厳しいキリシタン迫害に苦しめられていたことにある。

しかも、乱の起こる数年前からは凶作が続き、大飢饉が襲っていた。にもかかわらず、食うに食えない農民に対して藩の取立ては厳しさを増していったのだ。

年貢を納められない農民には逆さ吊りや水責めといった**拷問**がおこなわれ、妊婦が何日も冷水に漬けられて死亡した例さえある。農民にみのを着させ、そこに火をつけるという残虐な拷問もあった。

また、キリスト教徒の多い土地だったために、キリシタン狩りも激しかった。細くとがった竹を体に突き刺す、指を1本ずつ切り落とすといった恐ろしい拷問にくわえ、雲仙岳から噴出する熱湯や硫黄をキリシタンの体にかけるという残忍な所業すらおこなわれていたのである。

「こんな生活は、もう我慢できない！」

農民たちの怒りや不満はもはや限界を通り越していたのだ。

原城跡（©Chris73 and licensed for reuse under this Creative Commons Licence）

◆一揆の大将は16才の少年

人々の怒りがついに爆発したのは、1637年10月25日のことだ。

キリシタンの集会に踏み入った藩の役人らを殺害したのを皮切りに、まず島原でキリシタンが蜂起した。

一揆勢は鎮圧に向かった藩士らを圧倒し、村々や神社仏閣に火をつけ、代官や僧侶、神官らを次々と殺していった。

「代官や異教徒の奴らを殺そう！　そして、この地に**キリスト教を復活させるのだ！**」

そう心に決めた一揆勢はさらに島原城下を焼き、島原城を包囲。その後の数日間、島原城を攻撃し続けた。

一方、島原半島の対岸にあり、上島、下島、大矢野島などの島々からなる天草でもその2日後にキリシタンが蜂起。下島にある富岡城を数日にわたって攻め続ける。

だが、島原でも天草でも一揆勢はあと少しのところで城を落とすことができなかった。そこで、当時廃墟同然となっていた原城に集結し、篭城することにしたのである。

このとき、一揆勢は島原と天草を合わせて約3万7000人。

その総大将は**天草四郎**という、わずか16歳前後の少年だった。

四郎は人々から、キリスト教の世を再び蘇らせてくれる救世主だと信じられていた。

「四郎様が必ず奇跡を起こしてくれる」

と人々は信じ、乱の鎮圧のために出動した幕府軍12万を相手に決死の戦いを挑んでいったのだ。

勢いに乗った一揆勢は当初、幕府軍を圧倒。年が明けた1638年元日の戦いでは、幕府軍の司令官が討ち死にしたほどだった。

しかし、まもなく新司令官の老中松平信綱が到着すると事態は一変する。信綱は難しい城攻めより**「兵糧攻め」**を決行。食料や武器弾薬が尽きれば、さすがの一揆勢も力尽きると考えたのだ。

この作戦は図星だった。やがて城の中では食べ物も武器も底を尽き始め、一揆勢はじりじりと追い詰められていった。

◆幕府の総攻撃で皆殺しにされる

天草四郎像（©Chris73 and licensed for reuse under this Creative Commons Licence）

1638年2月28日の昼ごろ、幕府軍はついに総攻撃に転じた。「原城のキリシタンは皆殺しだ！」との命令を下された幕府軍は一気に城内へなだれ込んでいく。

一揆勢は最後の力を振り絞って応戦したが、火薬が足りずに鉄砲はあまり使えない。しかも食料が尽きて空腹だったため、幕府軍の攻撃にまるで歯が立たなかった。

城門が破られ、塀からも幕府軍が次々と押し寄せた。一揆勢は鍋や釜まで投げつけて抵抗したが、もちろんそんな物では幕府軍の勢いを止めることはできない。城に入った幕府軍は、一揆勢が城の中に建てた小屋に次々と火を放ち、見つけた者はひとり残らず斬り捨てていったのだ。

籠城した者の半分以上は女性や幼い子供だったが、子供を守る母親はもちろん、母親に泣きすがる子供も容赦なく斬殺された。

もう逃げられないと悟った一揆勢の中には、燃えさかる小屋の中にみずから飛び込んで自害した者も多い。城はあっという間に、「ぎゃー！」「助けて！」といった断末魔で埋め尽くされた。

中には、「主なるデウス様、どうか我々をお助けくださいｌ「四郎様、奇跡を起こしてください」といった悲痛な祈りの声も混じっていただろうが、その祈りもついに聞き届けられることはなかった。

この決戦で一揆勢の敗北は確実となり、翌29日は生き残っているキリシタンがいないか幕府軍の徹底的な捜索がおこなわれた。折り重なる死体の山に身を隠していた者すら見つけ出されて斬り殺されていったのだ。

本丸の攻防（島原の乱の合戦屏風絵）。石垣を登って本丸に攻め込もうとする攻め手と、城内の守り手との激しい攻防が描かれている。

こうして**約3万7000人のキリシタンは皆殺しにされた**。幕府側の記録によれば、斬り落とされた首の数だけでも1万を超え、焼死体も5000〜6000は下らなかったという。

その中には総大将・天草四郎の首も含まれていた。四郎の首はその後、長崎で晒し首にされている。

◆数多くの人骨と小さな十字架

「原城跡」は現在、国指定の史跡となっている。島原駅からバスに揺られること1時間、原城前で下車し10分ほど歩くと、前代未聞のキリシタン大虐殺がおこなわれた原城跡へ辿り着くことができる。

三方を海に囲まれた風光明媚な岬の上には、いまや城はまったく残っていない。そののどかな景色からは、当時のキリシタンたちの恨みや苦しみ、皆殺しの惨状はみじんも感じられない。わずかに残る石垣と、のちにつくられた天草四郎の像や墓碑などがここに原城があったことを物語ってくれるだけだ。

しかし、1990年代以降におこなわれた発掘調査では、落城時に虐殺されたキリシタンの人骨や、彼らが大切にしていたであろう鉛製の小さな十字架が多数出土され、重税と宗教弾圧に苦しめられた人々の無念を訴えている。

数千人の僧侶たちが殺された比叡山

【京都府・滋賀県】

◆比叡山のあかりが消えた日

滋賀県大津市と京都市の境にまたがる「比叡山」。日本屈指の霊峰として知られるこの山全域を境内とするのが、天台宗の総本山**「延暦寺」**だ。

延暦寺に行くには、琵琶湖畔にある門前町坂本か京都側の八瀬からケーブルカーに乗り、静かな山道を急角度に登っていく。

ケーブルカーの終着駅で降りて、そこから霧深い道をしばらく進むと、正面に見えてくるのが天台宗総本山の中心道場「根本中堂《こんぽんちゅうどう》」である。ここには本尊薬師如来が安置され、「不滅の法灯」が大灯籠の中で燃え続けている。この法灯は8世紀に最澄が延暦寺を開いて以来1200年もの間、守りつがれてきた貴重なものなのだが、じつは一度だけその灯りが途絶えたことがある。

1571年、9月12日から4日間にわたって織田信長が比叡山延暦寺を取り囲んで**焼き討ち**し、根本中堂はもとより比叡山延暦寺の建造物は大多数が焼失してしまったのだ。

◆信長にとってめざわりだった寺

なぜ、信長は延暦寺を攻めたのか――。

それは焼き討ちの前年、延暦寺が信長と敵対する浅井長政・朝倉義景軍をかくまうなどして、信長への協力を拒んだからにほかならない。

当時の延暦寺は近江周辺に広大な荘園を持ち、僧兵を擁して大きな勢力を形成していた。信長にとって延暦寺の存在は神聖な寺という以前に、浅井・朝倉軍に加担する敵でしかなかった。天下統一を目指す信長にとって**延暦寺は目障り**であり、**反信長行動を取っ**

延暦寺・根本中堂

たことへの報復をする必要があったのだ。

だが、家臣の中には信心深い者も多い。神聖なる比叡山を焼き討ちすると知れば、家臣たちが猛反対するのは明らかだった。

そこで信長は軍勢約３万を率いて近江へ出陣したものの、出陣の意図はぎりぎりまで家臣らに隠していた。

ようやく出兵の真意が家臣たちに明らかにされたのは、焼き討ちが敢行された当日の早朝、門前町である坂本に到着したときだった。

「敵は比叡山である！」

そう宣言した信長に対して、当然、明智光秀ら家臣は、

「延暦寺は伝教大師以来の鎮護国家の根本

道場です。それを攻めるなどもってのほかです」

と諫めたが、信長は聞く耳をもたない。

「比叡山を攻める！」

そう断言すると、小雨の降る坂本の町に火を放つように命令を下したのだった。

◆容赦なく殺された僧侶たち

当時、坂本は交通の基点として近江随一といわれるほど繁栄しており、延暦寺の堂舎も数多くあったが、炎はあっという間に町全体を飲み込んだ。いったい何が起こったのかわからず、人々は猛火に追われて逃げ惑う。

そんな人々を尻目に、信長は比叡山の守護神である坂本郊外の日吉神社にも火を放つ。そして、最終目的地である延暦寺を目指して比叡山に進軍していったのである。

「皆殺しだ！」

山上へ登った信長軍は、僧侶はもちろん延暦寺にいた老若男女すべてに刃を向け、容赦なく首をはねていった。

古文書に描かれた延暦寺

朝倉義景（上）・浅井長政（下）

「助けて！」

「どうか、ご慈悲を！」

という助命を乞う声も、信長軍に聞き届けられることはなかった。幼い少年さえも、その刃の餌食となった。

当時の史料によれば、殺された僧俗の数は３０００〜４０００人。信長は殺戮のあと、その一人ひとりの首を検視したといわれる。

また、根本中堂をはじめとした社寺堂塔にも次々と火が放たれた。炎が渦巻き、人々の死骸が山積みとなった光景はまるで**地獄そのもの**だったという。

延暦寺はその後、寺領もすべて没収され、最澄以来の８００年近い歴史はここに一度幕を閉じることになったのである。

◆逃げた僧侶たちと比叡山の復興

信長の非情な焼き討ちによって完全に消滅したかに思えた天台宗だったが、まもなく「本能寺の変」によって信長が明智光秀に討たれると、焼き討ちから逃れて地方へと生き延びていた僧たちが比叡山へと戻ってきた。

皆殺しにされたかのような惨状だったが、厳しい包囲網の中でも木下秀吉（のちの豊臣秀吉）の部署の包囲はゆるやかで、秀吉の温情によるものなのか、**見逃された僧侶も多かったという**。このときにこっそりと持ち出され、難を逃れた宝物も少なくない。

また、近年の調査では信長の時代の焦土層はあまり多くなく、伝えられているほど焼き討ちは大規模ではなかったという事実が明らかになっている。

とはいえ、神仏に対する信長の非情な行動は当時の人々にとって悪魔のような残虐な所業に映ったはずだ。事実以上に大きな衝撃を与えたにちがいない。

延暦寺はその後、豊臣家や徳川家の寄進により再建。現存する建造物のほとんどは信

夕焼けを浴びる比叡山

長の焼き討ち以後の再建である。また、途絶えていた「不滅の法灯」も山形県にある立石寺に分灯していた法灯を延暦寺に移してきて再び燃え始める。

復興を遂げた延暦寺はその後も多くの名僧を輩出し、日本の精神文化に大きな影響を与えている。

１９９４年には世界文化遺産にも登録され、いまでは大勢の観光客が訪れている。修行に励む僧たちの姿や比叡山を包む静寂な空気からは、もはや焼き討ちの惨状は見る影もない。

燃えあがる火の中で首をはねられ、信長を恨んで死んでいった人々の魂も、この神聖な地でなら静められるに違いない。

7 万人が谷底へ消えた倶利伽羅峠

【富山県・石川県】

◆難所・倶利伽羅峠

富山県と石川県の県境にそびえる砺波山《となみやま》は、倶利伽羅《くりから》峠とも呼ばれている。

このあたりには源平合戦にまつわる史跡も多く、富山側のふもとには木曾義仲が戦勝を祈願したという護国八幡宮があり、山頂には平維盛《これもり》が陣を置いた猿ヶ馬場もある。

現在では散策コースも整備されているため、山並みを眺めながら歩くことも可能だが、かつては険しい難所として知られていた。標高は約２８０メートルとさほど高くはない

倶利伽羅峠の崖（写真 :akimon）

ものの、人と馬が行き交うのも難しい道だったという。

この倶利伽羅峠を舞台に、木曽義仲と平維盛の合戦が繰り広げられた。『平家物語』の〝倶利迦羅落〟で語られる倶利伽羅峠の合戦だ。

当時使われたのは、散策コースの南に残る旧北陸街道である。

曲がりくねったこの坂道から、**何万という平家軍が谷底に転がり落ちていったの**だった。

◆圧倒的に不利だった木曽軍

源頼朝の挙兵をきっかけとして、各地に

平家打倒の動きが起こっていた。木曾義仲も遅れてはならじと、平家討伐に乗り出す。義仲の勢いはすさまじく、信濃をたちまち平定すると、越後や北陸まで手中に収めていった。

平家にとって、義仲の動きは見過ごせないものだった。この勢いのまま京に攻め込まれるという事態は避けなければならない。平維盛は10万もの大軍を率いて北を目指したのである。

激戦が繰り返されたが、平家軍は強かった。木曾軍は各地で敗れ、じりじりと後退していく。

そのうち平家軍に寝返る者も現れた。味方の相次ぐ敗戦の報を受けた義仲は、援軍を率いてみずから前線へと赴くことになる。

両軍が対決することになったのは、加賀と越中の境にある砺波山だ。平家軍は7万の本隊を砺波山に向かわせ、残りの3万は敵の背後を突くために能登と越中の境に位置する志保の山へと差し向けた。

一方の義仲軍は5万。半分の兵で勝機をつかむことなどできるだろうか。状況は**圧倒的に不利**に見えた。

倶利伽羅の合戦を描いた絵巻

◆がけを転がり落ちていく平家軍

しかし、義仲には秘策があったのだ。正面切って戦えば、数の多いほうが有利になる。平地での戦いになったら、自分たちは大軍に囲まれておしまいだろう。なんとしても、平家軍に砺波山を越えさせてはならなかった。

義仲はそのための計略を家臣に告げた。

「まず、黒坂に源氏の白旗を30ほど立てる。これを見た平家軍は先鋒がやってきたと思い、大軍に囲まれることを嫌って、猿ヶ馬場に陣取るだろう。あそこは険しい岩山に囲まれており、背後を突かれる心配がないからだ。そうしたら、あとは小競り合いをして、夜まで時間を稼ぐ。**夜になったら、平家軍を倶利伽羅峠から突き落とすのだ**」

義仲の策略はみごとに当たった。平家軍は猿ヶ馬場に陣を敷いたのである。義仲は少数の兵を繰り出しては引っ込め、のらりくらりと時間を稼いだ。そして、ついに待ち望んだ夜がやってきた。

倶利伽羅峠はうっそうとした木々に覆われて月あかりも届かない。人の顔も見分けられないような闇に包まれていた。

そのとき、突然、平家軍の背後から鬨の声があがる。このあたりの土地を知り尽くしている木曾軍にとって、敵の背後に回ることなど造作もなかったのだ。平家軍は思いがけない敵の出現に浮き足立った。

正面からは義仲軍の声も加わった。周囲に潜んでいた者たちも、ほら貝や太鼓を打ち鳴らす。さらに義仲は、角に松明をくくりつけた牛を何百頭もなだれ込ませた。のちに「火牛の計」と呼ばれることになる戦法だ。

パニックに陥った平家軍は、右も左もわからないまま、崖に突進した。先頭にいた兵士の姿が消える。それを見たほかの者は、「あっちに逃げ道があるぞ！」と、崖に殺到した。

峠に置かれている牛の像。当時と同じように、牛の角には火のついたたいまつがつけられている。（写真 :akimon）

だが、そこには何もない空間が口を開けているだけだ。平家の軍勢はなす術もなく、ばらばらと崖から転げ落ちていった。

その様子は、**「親が落ちれば子が落ち、兄の上には弟が落ち、人馬もろとも落ちるなり」**と伝えられている。

◆生き残ったのは半分以下

かろうじて倶利伽羅峠を逃げ延びることができた兵は、わずか3万だけだった。ほとんどが谷に折り重なって死んでいったという。中には、谷に落ちる前に、後ろから来た味方に押しつぶされて命を落とした者もいた。

平家軍の敗北は、京にも大きな衝撃を与えた。親兄弟や夫を失くした家族の泣き声が、町中に響き渡ったという。

現在の倶利伽羅峠には、激しい戦闘の痕跡は何も残っていない。とはいえ、ここから何万もの兵士が突き落とされたのだと思うと、彼らの冥福を祈らずにはいられない。

餓えと噴火の衝撃・天明の大飢饉

【関東・東北地方】

◆死者30万人の大飢饉

天気予報などあるはずもない時代、予測不能な自然の力を前に農村ではその年の豊作をただ神に祈るしかなかった。

春の田植え祭りから始まって、豊作を感謝する秋の収穫祭などは、現在でも各地で重要なイベントとして引き継がれている。

ところがそんな祈りもむなしく、天候不順や災害は幾度となく人々を襲っている。

いまをさかのぼること200年前、天下泰平といわれた江戸時代でも多くの犠牲者を出したのが「江戸の三大飢饉」だ。

中でももっとも被害が甚大だったのが、30万人以上の人々が命を奪われた「天明の大飢饉」である。

第10代将軍徳川家治のころ、幕府の実権を掌握していたのは老中、田沼意次だった。田沼はのしかかる幕府の財政赤字に対し、「年貢の取り立てによる税収を増やすだけではもう限界だ」と、幕府直営の専売制度の「座」や「株仲間の奨励」など、商業を重視する数々の政策をおこなった。

ところが、結果的にそれらは貧富の格差をますます生んでしまうことになる。田沼に取り入ろうとした商人たちの献金や、賄賂政治が横行するなど、人々の田沼政治への不満は日に日に高まっていったのである。

そんな世の人々の怒りが天に届いたかのように、天明の時代は大雨、洪水、地震など災害が多発する。1783年の**春に降り出した雨はなんと夏になってもおさまらなかった**。

「もう夏なのに、この真冬のような寒さはなんだ」

「支蘇路ノ驛 浦和宿 浅間山遠望」（渓斎英泉画）には浅間山の噴火の様子が描かれている。

人々は、不安げに首をかしげるしかなかった。

当然、長雨で畑の作物は腐り、稲はいつまでも青いまま実をつけることなく、かつてないほどの大凶作となってしまう。

被害の大きかった津軽藩（現在の青森県）では、収穫はわずか最盛期の4割にまで落ち込むという状況だった。

さらに、異常気象に追い打ちをかけたのが**浅間山の大噴火**だった。

群馬県と長野県の境にそびえる浅間山（2568メートル）は、その優美な姿で観光名所ともなっているが、現在もれっきとした活火山であり、浅間山の火口からは朝も夜も絶え間なく噴煙があがっている。

◆江戸をおそった浅間山の大噴火

草の根までも食べ尽くし、飢えに苦しむ天明の人々を浅間山の噴火はさらに追い立てた。遠く江戸の街にまでも、その火山灰は降り注いだという。

浅間山の麓、火口からわずか13キロメートルほどの場所に位置する群馬県吾妻郡嬬恋村鎌原には、当時の被害の激しさを物語る遺跡が残っている。

火山灰で埋まった街や、人々が倒れている様子もそのままに保存され、世界遺産にもなっているイタリアの「ポンペイ遺跡」にも劣らないとして日本のポンペイと呼ばれ、克明に語り継がれているのだ。

浅間山の噴火で、人口570名ほどの**鎌原村を火砕流が直撃**。村は一瞬で飲み込まれ、かろうじて生き残った者はわずか93名だった。

村の小高い丘にある観音堂へと避難する村民たちだったが、あと数歩間に合わず、灼熱の炎に体を焼かれた遺骨が火山灰で埋まったお堂の階段の途中から発掘された。

噴火により近隣の田畑はことごとく焼かれるばかりか、噴煙により日照はさえぎられ、農作物への被害は増すばかりだった。

観音堂とその手前の階段。ここまで逃げてこられた人は助かったが、階段の下で力尽きた人もいた。近年、この石段の下から遺体が見つかっている。

◆飢えた人が人肉を口にする

いまでこそ政府は緊急時に備えて食料の備蓄をおこなっているが、当時の藩では米や雑穀などの食料を蓄えているところなど数えるほどであった。

食料がなくなると、まず犠牲になるのが体力のない子供や老人たちだ。腹の空いた赤ん坊は母の乳を求めるが、吸っても吸っても乳房から乳は出ず、その乳房は噛み切られてしまう。

「おっとう、おっかあ、腹減ったよう」

絶望した親は泣きわめく我が子を手にかけた後、みずから首を吊るしかなかった。

生まれ育った土地を捨てて、一家で米のある土地を探してさまよう農民たちも多かったが、ろくに食べ物を口にしていない状態では長旅にも耐えられず、野山に行き倒れる人が続出する。死体は野犬の格好のえさとなっていった。

相次ぐ餓死や自殺により、死体は処理しきれずに道端に積み上げられ、腐敗していく人肉が発する臭いは想像を絶するものだった。

死ぬも地獄、生きるも地獄という悲惨な状況は各地で繰り広げられた。

「天明飢饉之図」には、当時の悲惨な様子が描かれている。

『解体新書』を著した医師・杉田玄白が当時の様子を書き留めた『後見草《のちみぐさ》』にも、**「先に死にたる屍を切り取っては食ひし」**と、ついに人肉を口にする様子が記されている。

さらには、その肉ばかりか、死んだ子供の頭を割って脳みそを取り出し、野草を詰め込んで粥にして食べたという凄惨な話も残されている。

地球規模での環境破壊が問題になっている現在、異常気象や食料危機などの予期せぬ災害が起こる可能性はけっしてなくならないのである。

常紋トンネルから聞こえる人の声

【北海道遠軽町・北見市】

◆北の果てにあるトンネルの過去

北海道の北東部、道東と呼ばれるエリアは、オホーツク海に春の訪れを告げる流氷や、エゾマツの森に囲まれた大自然、霧の摩周湖など観光スポットも多く、列車や車で訪れる観光客はあとを絶たない。

この道東エリアの中心都市、北見市を走るＪＲ北海道石北本線にあるトンネルのひとつが、全長約５０７メートル、標高約３００メートルの常紋トンネルだ。

常紋トンネル開通記念写真（小池喜孝『常紋トンネル』より）

常紋トンネルのある常紋峠はかなりの急勾配のため、かつては機関車を連結して走らせなくてはならなかった。

いまでも年1回、石北本線では黒煙を吐きながら疾走する機関車が運行されて、多くのSLファンがカメラを手に集まる場所としても人気がある。

しかし、いまからおよそ100年前、1914年から約3年間にわたる過酷な工事の末に完成したこのトンネルは、地元の人々の間では別の理由からその名が知られていた。

それは、「トンネル工事に携わった労働者たちが、**人柱になってトンネルに埋め込まれている**」というものだった。

◆トンネルにまつわる有名な怪談

ある日、常紋トンネルを通過しようと列車を走らせていた運転士は、列車の前方にライトに映し出された血まみれの男を発見する。

「おい、誰か見えるぞ！　危ない！」

と、急ブレーキを踏む運転士。ギギーッときしむような音を立てて列車はやっと停止した。運転士はあわてて列車から降り、

「そこに誰かいるのか？　大丈夫か？」

と、男が見えた方向に大声で何度も呼びかけるも、トンネル内には自分の声がこだまするだけで、すでに**人の気配すらない**。

「気のせいだったのか……」

不審に思いながらも、再び列車に乗り込み出発の汽笛を鳴らす運転士。ところが、いざ列車を走らせようと前方を見ると、また男の影を見てしまう。

再び列車から飛び降りて声をかけるが、やはり自分の声がこだまするだけだ。その後も、何度も同じことが繰り返され、運転士はすっかり脅えきってしまう。

現場で立ったまま食事をする「タコ」たち（石田廣『所謂監獄部屋の研究』より）

そして、とうとう「俺にはもう列車を動かすことはできない……」と頭を抱えてしゃがみこんでしまったのだ。

駅から別の運転士がやってくるまで、ついに列車は動き出すことができなかったのである。

さらには、常紋トンネルの手前にある常紋信号場では幻聴や幻覚に悩まされ、しかも家族にさえも不幸が相次いだ。そういったトラブルが続出し、駅員たちは常紋トンネル近辺での勤務を嫌がったほどだった。

また、乗客たちにしても雨の日に列車が常紋トンネルにさしかかるたびに、

「腹減った、ままくんろ……」

といううめき声を耳にするというのだ。

相次ぐ怪奇現象は「常紋トンネルの怪談」として県内外で話題になっていった。

◆一度入ったら二度と出られない

明治時代、未開の原野だった北海道の開拓には多くの囚人が駆り出されることになった。ダンプカーや掘削機などの大型機械もなかった時代に、スコップやつるはし、土砂をかついで運ぶもっこなどで道路や線路を敷設したのだから、どれほどの重労働だったかは計り知れない。

当然、犠牲者も相次いだ。やがて囚人を工事にあてがうことが法律で禁止され、工事を請け負う建設会社は、安価で、大量の労働力を確保するために、遠く離れた本州から高額な報酬をうたって多くの土木作業者たちを運んできた。

借金を抱え込んだ者、職にあぶれた者、中には肉体労働の経験のない学生までもがその高収入に釣られてはるばる北の大地までやってきたという。

しかし、集められた土木作業者たちは、**「タコ部屋労働者」**と呼ばれ、悲惨な状況の中で強制労働につかされたのだった。

タコ部屋の内部。労働者はこのような部屋に押し込まれた。（石田廣『所謂監獄部屋の研究』より）

労働者たちが「タコ」と呼ばれるようになった理由は、一度入ってしまうともう二度と出ることのできない「タコ壷」にちなんだといわれる。

また、労働者を地元ではなく遠方、つまり他の土地から連れてきた「他雇」からともいわれている。

当時の北海道では、石炭や木材など豊富な資源を運ぶための道路や線路の開発が各地で進み、あろうことか「タコ部屋」の最盛期となっていたのだ。

◆スコップで殴り殺される脱走者

冬は雪で閉ざされ、また日照時間も短い

山奥での工事をとにかく急ピッチで進めるために、労働者たちは朝はまだ暗いうちから働かされた。その**労働時間は1日15時間にも及んだ**という。

現在の労働基準法で定められた1日8時間、1週間で40時間という労働時間を考えると、「タコ部屋」の過酷さはより想像できるだろう。かといって、約束通りの賃金が支払われることはなかった。

かろうじて食事は支給されたものの握り飯ばかり。それでは栄養バランスも何もあったものではない。栄養失調になり体調を崩す者があとを絶たなかった。

しかし、体調が悪いからといって満足な休息が与えられるわけでもなく、疲労やケガ、病気でもかまわず過酷な肉体労働を強いられ、中には命を落とす者も出てきた。

驚くべきことに、その**遺体の処理は、トンネル近くに掘られた穴にかまわず放り込んだだけ**だったのだ。

さらには、体を壊して満足に働くことができなくなった者は生きたまま、耐え切れずに脱走を企てた者はスコップで殴り殺され、見せしめに「人柱」としてトンネルの壁の中にまるで工事用の砂利のように埋めこまれたのだ。

日本各地には、工事の無事を祈り「いけにえ」として生きた人を埋める「人柱」の伝説が残されているが、この常紋トンネルでは、「どうせ働けないのなら殺してしまえばいい」と、実際は労働者を処分するためにトンネルが利用されただけといえよう。その犠牲者は１００名以上にのぼったという。

「俺たちは騙されたんだ！」と、毎日のように繰り返される悪夢に労働者たちはようやく気づくもすでに遅く、そのつぶやきはもはや遺言でしかなかった。

「人柱」の出たトンネル内部（小池喜孝『北海道の夜明け』より）

◆地震で出てきた人骨

１９６８年、十勝沖を震源としたマグニチュード７・９の地震が発生。52人が死亡、３３０人が重軽傷を負ったこの地震の被害はそんな道東エリアにも広がった。

皮肉なことにこの十勝沖地震こそ「トンネル人柱事件」が発覚する思わぬきっかけとなった。ひびの入ったトンネルの補修工事をしていた際に、壁を覆っていたレンガの奥から**次々と人骨が発見された**のだ。

それまでは工事関係者がみな一様に口を閉ざしてきたため、この事実はトンネル完成後50年近く明らかになることはなかったのだ。

その後の発掘作業でも数十体の骨と化した遺体が発見され、地元の人々によって手厚く供養されている。

現在、常紋トンネル近くの金華小学校跡地には犠牲者を弔う文章が刻まれた慰霊碑と、労働者をモチーフにしたうつむいた人物の像が静かに建っている。しかし、いまだ発見されていない死体が、いまも暗いトンネルの中に眠っているかもしれない。

第四章
伝説が息づく場所

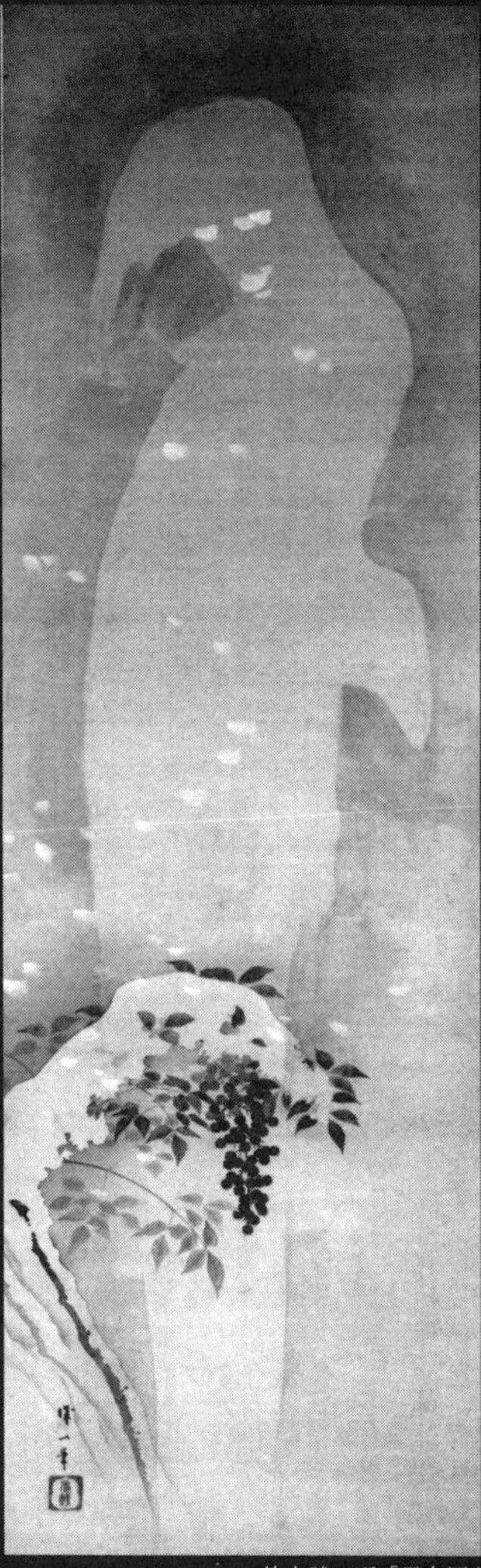

鈴木誠一画「雪女図」

死者の声が聞ける霊場・恐山

【青森県むつ市】

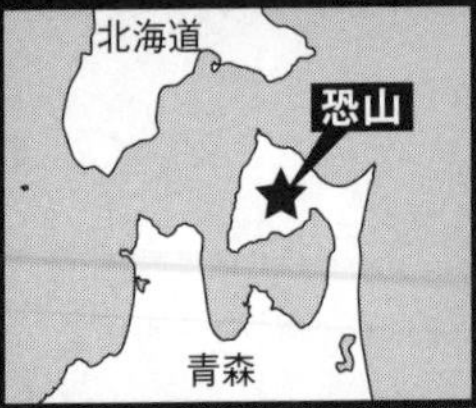

◆本島最北にある異界への入り口

青森県むつ市にあるＪＲ大湊線下北駅からバスに乗り40分ほど走ると、そのままゆったりとした山へと入っていく。あたりはとりたてて変わった風景ではないが、じつはそこは**「異界」への入り口**ともいえる場所なのである。

山門から左方向に曲がって小さな道を登っていくと、そこにはこの世のものとは思えない異様な光景が広がっている。

恐山

硫黄と岩とでできたそのあたり一帯には、賽の河原、血の池地獄などと名づけられた場所があり、さらには数え切れないほどの無縁塔、御霊石などが点在している。

ここが、日本三大霊場のひとつ（あとのふたつは滋賀県比叡山と和歌山県高野山）、恐山である。

◆魂の行きつく場所

といっても、恐山というひとつの山があるのではない。火山によってできたカルデラ湖である宇曽利湖を中心とする８つの峰（釜臥山、大尽山、小尽山、北国山、屏風山、剣山、地蔵山、鶏頭山）の総称だ。標高は

８７９メートルである。

恐山を開いたのは、慈覚大師円仁という僧だといわれる。約１２００年前、大師が唐で修行していたころ、ある晩の夢でお告げを聞いた。

「国に帰って、東方行程30余日の所まで行くと霊峰がある。そこに地蔵尊一体を刻み、仏道を広めよ」というそのお告げに従い、円仁は諸国を行脚した。その結果見つけたのが恐山である。つまり、この山は本来ありがたい霊峰だったのである。

それが中世のころから、死者を供養する場として広まった。あちこちに点在する寺には、17世紀ごろにつくられた石碑が残っている。このころから一般の人々も死者を弔うためにここを訪れるようになったと考えられている。そして、いつしかこの地方では、**「人が死ねば、その魂は恐山に行く」**と言い伝えられるようになったのだ。

そしてもうひとつ、そんな恐山で有名なものといえば、イタコである。

◆イタコは神様

イタコとは、生まれつき、または幼いころに盲目か半盲目になった女性が、すでにイ

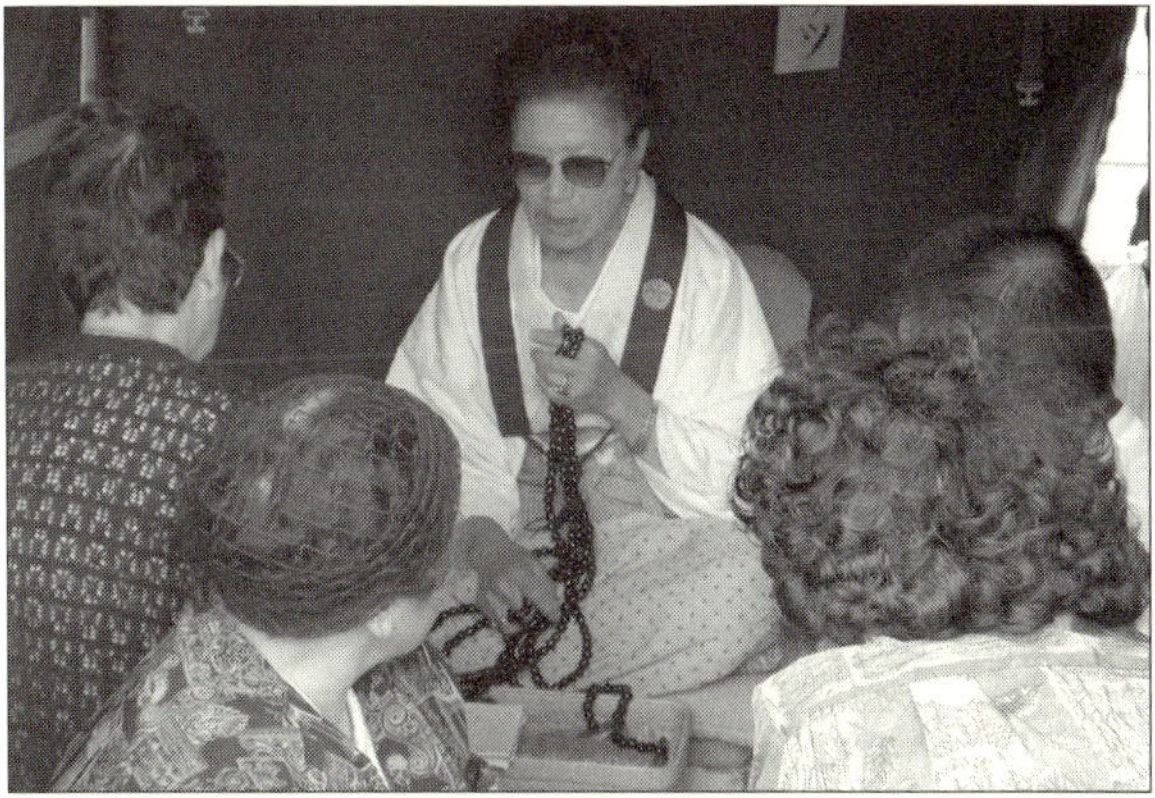

イタコの「口寄せ」を聞く参拝客（写真：共同通信社）

タコになっている女性に弟子入りして修行を積み、特別な能力を身につけて独立するのが一般的である。

イタコはいくつかの特殊な能力を持っているが、その中でなんといっても代表的なのは、**「口寄せ」**だ。

この世に生きている人たちと、死んでしまった人たちとの仲立ちになって、亡き人の意志を伝える役目をする。いわゆる「仏降ろし」である。

多くの人がイタコの口を通して、**亡くなった近親縁者と会話をすることができる**のだ。

しかし、イタコの能力はこれだけではない。もうひとつ「神降ろし」といわれるものがある。

これは物事の吉兆を占ったり、安全祈願をしたり、人から病気などの悩み事を聞き、健康祈願をしつつ解決の糸口を示すものだ。広い意味での予言と祈願である。

現在、イタコはおもに恐山の祭典のときに公に登場し、「仏降ろし」「神降ろし」をおこない、ふだん訪れてもすぐに会うことはできない。

地元の人々の間では**「神様」のような存在**としてもとらえられ、実際、新聞にのるイタコの死亡記事には、その肩書きとして「イタコ、神様」と紹介されることもある。

いずれにしても、死者が行く場所としての恐山だからこそ生まれたのがイタコという存在であることは間違いない。

けがれた都市・江戸を封じた大結界

【東京都】

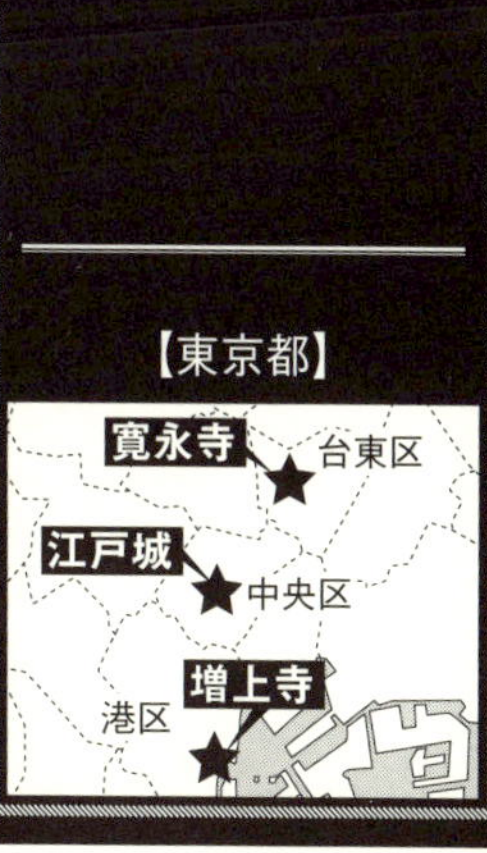

◆人々に嫌われていた江戸

「ほんの４００年ほど昔、東京にはまだまだ原野が広がっていたそうだ」といわれても、天にも届きそうな高さでビルが建ち並ぶ大都市・東京のいまの姿を目にしていると、そう簡単にはイメージできない。

日本の歴史は朝廷のある京の都、秀吉が築いた大坂城など、長きにわたり関西エリアを中心に動いてきた。そのため、京や大坂が栄えていく中、江戸は長きにわたり**「東の**

未開の土地」として開発が遅れ、さげすまれてきたのだ。

事実、秀吉に命じられ、1590年に江戸入りした家康だったが、江戸城も雨漏りするほど老朽化していたという。

さらに家康の時代からさかのぼること700年ほど前、みずから「新皇」と名乗り関東を統一、平安京に対峙した平将門の呪いも人々を江戸から遠のかせた原因のひとつだった。

戦いに敗れ、斬首された将門の首は京に運ばれたが、宙を舞い、再び東の地をめざして飛んでいったという。首は現在の東京都大手町のあたりに落ち、現在もビルの谷間の「将門塚」が将門の霊を鎮めているほどだ。

◆家康の敵を呪い殺した僧

そんないわくつきの土地である江戸を政治の中心地として整備し、幕府の基礎を築き上げた徳川創成期の3人の将軍にあまたの助言を与えた人物こそ、天台宗の高僧である**南光坊天海**だった。

江戸城・伏見櫓

将軍家の寵愛を受け、ブレーンとして強力な政治力を持った天海は、長命ながら謎多き人物として語り継がれている。

家康の政敵を呪い殺したという説まである。それは、彼が風水や陰陽道の知識に長じていたからでもあった。

◆鬼は北東から来る

天海は江戸整備の一環として1625年、三代将軍家光に進言して上野に寛永寺を建てさせ、みずから初代の住職となっている。そこで、この寛永寺の建っている方角に注目して現在の東京の地図を開いてみよう。

当時の政治・経済の中心地だった江戸城、現在の皇居から右斜め上に指でたどっていくと、南北に走るＪＲ山手線に上野駅がある。

東京の北の玄関口として1日に20万人近い乗降客を誇る上野駅の周辺は、古くから徳川歴代の将軍が眠る寛永寺の門前町として栄えてきた。

問題は、この寛永寺が江戸城から見て北東の位置に建っていることなのだ。

風水では、丑と寅の方角にあたる北東を丑寅と呼び、魔物や鬼が入りこむ、縁起の良くない方角「鬼門」として忌み嫌う風習がある。風水のエキスパートだった天海が、江戸におけるこの「鬼門」を見過ごすわけがなかった。

つまり寛永寺は、天海が建てた**「鬼門封じ」**だったのだ。しかもこのラインのはるか先には、神となった家康が鎮座する日光東照宮がある。これらは平将門を祀る神田明神とともに、江戸城を強力に守っているのである。

◆京都との奇妙な共通点

江戸の都市計画を整備する際、天海がモデルとした街が京都、つまり当時の平安京だっ

北東の鬼門封じ・寛永寺

た。この平安京こそ、霊的に強固に守られた都だったのだ。

平安時代、ときの支配者であった桓武天皇は実弟の早良親王に謀反の疑いをかけた。親王は無罪を訴えるためにみずから断食をおこない、ついには餓死してしまう。

その後、相次いだ疫病や天災に桓武天皇は「これは親王の怨霊の仕業に違いない」と恐れ、当時の長岡京（現在の京都府長岡京市）を遷都させ、北の地に新しい都として平安京を定めたのだ。

そして、霊的守護の強化に努め、鬼門の位置である比叡山に延暦寺を建立、京の鬼門を封じようと画策したのである。

ところで、この寛永寺、正式名称は東の

比叡山を意味する「東叡山寛永寺」という。名前からして完全に延暦寺を意識して建てられているのだが、堂塔、宿坊の数々は延暦寺の建築様式である伽藍建築に倣ったものだった。

さらに延暦寺からは琵琶湖が見えていたので、寛永寺から望む不忍池を琵琶湖に見立てて、琵琶湖を真似した弁財天まで建てたという執心ぶりがうかがわれる。

寛永寺が名前ひとつとっても比叡山延暦寺に酷似しているのは、**すべて天海の計算の上**だったのだ。

◆江戸を守るのは将軍たちのミイラ

さらに江戸城を挟んで寛永寺とは正反対の西南、風水で**「裏鬼門」**と呼ばれる方角に徳川家の菩提寺である**増上寺**が移築されている。表の鬼門は寛永寺により、裏の鬼門は増上寺により、江戸の「鬼門」は完全に封じられたことになる。

ちなみに、この寛永寺と増上寺を結ぶライン上に、将軍の住居や幕府の政務の場であった江戸城の本丸が存在していたという。これも偶然の一致とは思えない。

西南（裏鬼門）の結界封じ・増上寺

寛永寺と増上寺、このふたつの寺には、徳川歴代将軍15人のうち寛永寺に6人、増上寺には6人が葬られた。

それを証明するように、戦後におこなわれた発掘調査で実際に増上寺の将軍家の墓からはミイラとなった将軍たちの遺体が発見されている。

当時の発掘チームを驚かせたのは、そのミイラが刀をそばに置き、あぐらをかいた姿で発見されたことだった。あたかも在りし日の徳川歴代将軍の姿を彷彿させたという。**死してなお**、江戸、そして東京に災いが入り込まぬよう**「鬼門」を封じ続けていた**のだ。

徳川幕府が、２６０余年にわたって泰平

の世を維持し続けられたのは、天海の壮大な計画と、その計画を実現するために天海が将軍家を動かすほどの政治力を身につけていたことにあるといっていい。

◆いまも上野に残る天海の影

天海は1643年、108歳でその謎多き生涯を終えたというのが通説だ。当時としては長命だった家康が享年75歳というから、天海の人並み外れた生命力にまた驚かされる。その訃報を聞いて、当時、将軍の座に就いていた家光は涙を流して悲しんだという。

遺言により、遺体は家康も眠る日光山に葬られることになった。墓石は巨大な五輪塔で、江戸時代を代表する石塔といわれているほどの出来ばえだ。

そして、「鬼門封じ」の寛永寺にも天海の髪の毛が収められた**「天海僧正毛髪塔」**が残されている。

ふだんは柵に囲まれ容易に近づくことすらできないその供養塔の厳かなたたずまいは、春には桜、秋には紅葉の名所として多くの人々が訪れる上野の華やかさとは異質の雰囲気が漂う。

上野公園内にある天海僧正毛髪塔

死後もなお、天海の「鬼門封じ」によって守られている東京。度重なる開発により、万が一、天海の策を崩すようなことがあれば、そのときこそ想像もしえない災いが東京に牙をむくのかもしれない。

罪人に用意された地獄・鬼界ヶ島

【鹿児島県鹿児島郡】

◆海の果てに浮かぶ地獄の島

九州南端にある鹿児島県鹿児島郡三島村には、竹島、硫黄島、黒島の三島があり、その中央に位置する硫黄島は別名、鬼界《きかい》ヶ島といわれている。

海底火山である硫黄島は、その昔、植物も育たず、枯れ果てた大地には鬼が住んでいたと恐れられたことから、「鬼界」などと何とも奇妙な名で呼ばれていたことがあった。

古くから人々の足を遠のかせてきたこの硫黄島、現在もけっしてアクセスのいい場所

硫黄島

とはいえない。鹿児島港からこの硫黄島に行くためのフェリーは、わずか2日に1本しか出ていないのである。

船が鹿児島港を出て3時間半ほどで、白煙を高らかにあげる硫黄島が見えてくる。島の広さは11・7平方キロメートル、東京ドームの半分にも満たない小さな島だ。

ところが、島に近づいた人々は、まずその異様な海の色に驚かされる。島を取り巻く周囲の海面は、誰もが見慣れた青い海とは異なる赤茶色をしているのだ。

鬼界ヶ島の呼び名にふさわしい**地獄の沼のような、この世のものではない何かが潜んでいるかのような気配**なのだ。

火山の影響で島のいたる所から温泉が湧

き、流れ出た温泉と硫黄が海を染めている、というのがその理由だが、それにしても地獄を思わせる驚愕の景色である。

そしていまから800年以上前、この島に流され、硫黄の匂いと飢えに苦しみながら遠く都の家族を思って死んでいった罪人の中に、平安時代の僧である**俊寛**がいる。

◆古典のなかの残酷物語

平安時代末期の1177年、当時政治の実権を握っていた平清盛をはじめとする平家に対し、打倒平家の談合が密かに開かれた。

平清盛は、天皇家に自分の娘を嫁がせるなど人脈とその巧妙なやり口で着実にみずからの地位を高め、平家の政治力を強めていった。

清盛の義弟にあたる平時忠の、「平家にあらずんば人にあらず」という有名なセリフからも、そのワンマンなやり方がうかがえる。そんな清盛に不満の声が多かったのは言うまでもない。

そのころ、清盛のライバルである後白河法皇の側近・藤原成親《なりちか》の肝いりで、俊寛の

「鬼界ヶ島」については、硫黄島を指すという説と、喜界島を指すという説がある。こちらは喜界島のほうにある俊寛像。（写真：古見野良介）

鹿《しし》ヶ谷（現在の京都市左京区付近）の山荘に集まったのが、藤原成親・成経《なりつね》親子を筆頭に後白河法皇、平康頼《やすより》、西光法師ほか平家全盛の世に腹を据えかねた者たちだ。

当然、俊寛も出席者のひとりとして名を連ねることになった。ところがこの密談は、出席者のひとりである多田《ただ》蔵人《くろうど》行綱《ゆきつな》が裏切り平清盛に密告し、露見することとなってしまう。これが世にいう**「鹿ヶ谷の密談」**である。

出席者は捕らえられ、平家から厳しい処分が下された。首謀者の藤原成親は流罪の末に無残にも暗殺され、俊寛、平康頼、藤原成経の3人にも鬼界ヶ島への**流罪**が命じられたのだ。流罪は、死刑の次に重い罪として政治犯などに当時たびたび用いられていた。

『平家物語』にも、この俊寛の悲劇が描かれており、その平家物語での鬼界ヶ島の描写はこうだ。

「もとよりもこの島は、鬼界ヶ島と聞くなれば、鬼ある所にて、今生よりの冥途なり」

島民の姿にいたっては、

「色黒うして牛のごとし。身にはしきりに毛生ひつつ、いう言葉も聞き知らず」

と、まさに鬼そのもののような描かれ方である。この世とも思えない島に流罪となった俊寛たちの恐怖や不安はどれほどのものだったであろうか。

ちなみにこの鬼界ヶ島は、鹿児島県にある現在の「喜界島」のことだという説もある。

◆「俺を置いていかないでくれ」

島での暮らしは都とはかけ離れた想像以上に困難なもので、俊寛は草や木でやっと建てた粗末な庵で暮らすしかなかった。**飢えと渇き**に襲われ、貝や海草、魚を食べてしのぐような毎日に、俊寛らは日に日に痩せ衰えていったのだ。

俊寛のものと考えられている墓。墓の下からは高貴な人物のものと思われる骨も発見されている。（写真：古見野良介）

一方、遠く離れた京の都では1年後に清盛の娘・徳子が懐妊する。ところがこれがひどい難産で、「これは過去の罪人たちの悪霊や、流人たちの生霊の仕業に違いない」と人々がささやきあう中、罪人たちの呪いを恐れた清盛は、鹿ヶ谷の事件に関与した者の恩赦を命じたのだ。

しかし、赦免状に名前があったのは、何と康頼、成経のふたりだけだった。俊寛は清盛から許しを得ることはなく、ここから、**俊寛の本当の悲劇**が幕を開ける。

「これは何かの間違いではないのか。私だけ残されるのか？」

都に帰るふたりを乗せた船を追いかけ、胸まで海につかってすがる俊寛。しかし、俊寛の必死の頼みも聞き入れられず、無情にも船は俊寛を振り払い、波の彼方に消えていった。

現在、島には、このときの俊寛の姿を模した銅像が建てられている。怒りと憎しみ、そして悲しみが入り混じったような表情で、**「待ってくれ、俺を置いていかないでくれ」**と、海に向かって力の限り手を伸ばす銅像には、同情を通り越して、底知れぬ恐怖さえ感じられるのだ。

◆断食の末のすさまじい最期

その後、俊寛に仕えていた有王という人物がこの鬼界ヶ島を訪れる。戻らない主人の身を案じ、命がけで島へやってきたのだ。涙を流して抱き合うふたり。ボロボロの衣服を身にまとい無残にもやせ細ったその体は、ありし日の俊寛からは程遠い物乞いのような姿だった。

「妻は、娘は元気なんだろうな?」

そう問う俊寛に、有王はうつむいたまま、妻と娘が病死したことを告げる。絶望した俊寛は食事を断ち、やがて**無念の中でみずから餓死を選んだ。**家族を、愛する我が娘を再びその腕で抱きしめることだけを思って地獄のような毎日を耐えてどうにか生きてきた俊寛だったが、ついには最後の望みすらも絶たれてしまったのだ。

有王は、俊寛の亡き骸を火葬にし、その遺骨とともに島を離れた。俊寛は遺骨となってようやく都に帰ることができたのだった。

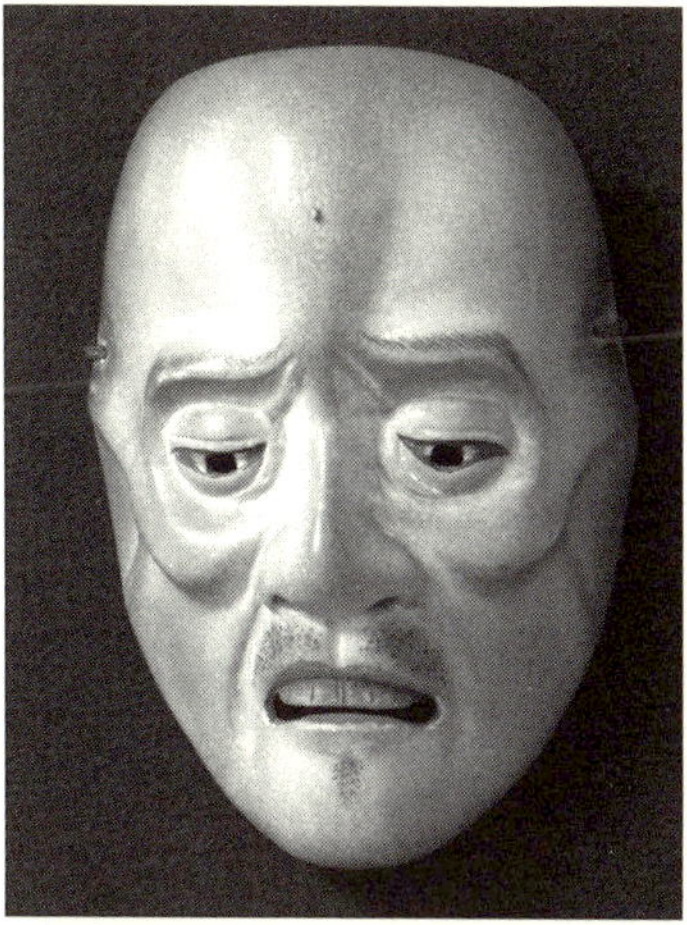
取り残された俊寛の絶望の表情をいまに伝える能面。

そして俊寛の怨念にたたられたかのように、その後、平清盛も苦しみに身悶えながら最期を迎えたのだった。原因不明の熱病がその死因といわれている。

◆俊寛の怨念がのりうつった舞台

俊寛の物語は、『平家物語』をは

じめ、歌舞伎や小説にも何度も描かれてきた。日本のシェイクスピアとも呼ばれる悲劇作品の大家、近松門左衛門が題材として扱ってもいるように、俊寛のドラマチックな生涯は古くから人々に強烈な印象を残してきたのだ。

1996年5月には、中村勘九郎一座が島を訪れ、島の砂浜で野外歌舞伎『俊寛』が上演された。

注意報が出されるほどの暴風雨の中、実際に俊寛がみずから命を絶ったまさにその島で、都に帰る船を追うシーンを再現する勘三郎。船を捕まえんばかりに手を伸ばす勘三郎は、俊寛の怨念がのりうつったかのように、孤独や絶望のさまを熱演したという。

数百年のときを越えていまも伝わる俊寛の悲劇は、鬼界ヶ島という名をより恐ろしく、そして悲しく彩っているのである。

神話に隠された出雲の国の真実

【島根県出雲市】

◆数多くの神話が残る土地

出雲と聞いて真っ先に思い浮かべるのは出雲大社ではないだろうか。

近年では縁結びの神として、若い女性にも人気だ。まっすぐに伸びる玉砂利の参道、太いしめ縄、どっしりとした神殿など、そのスケールの雄大さには圧倒される。

島根県の東部、宍道《しんじ》湖の西から日本海までの一帯が出雲である。ここはまた、古代神話の宝庫でもある。「いなばの白うさぎ」の物語は多くの人が耳にしたことがあるだろう。神話によれば、ここに登場する大国主命《おおくにぬしのみこと》が出雲の国をつくったのだという。やがて、彼は天から降りてきた神に出雲の国を譲り渡すのだ。

これはあくまでも神話として語られる物語だが、この「国譲り」には**歴史の真実**が隠されているという見方がある。**古代の激しい政権力争いが、神話に姿を変えているのではないか**というのだ。

◆国譲り神話に秘められた逸話

「国譲り」とは、このような物語である。

高天原《たかまがはら》にいる天照大神《あまてらすおおみかみ》は、自分の子に出雲の国を治めさせようとしていた。ところが、下界はなにやら騒がしく、世の中が安定していない様子だ。そこで、天照大神は2度ほど神を遣わして地上を平定しようとしたが、ふたりとも大国主命に取り込まれてしまい、天上には戻ってこなかった。

3番目に遣わされたのは建御雷神《たけみかづち》である。「伊耶佐《いなさ》の浜」に降りた建御雷神は、剣を逆さまに突き立て、その上にあぐらをかいて座ると、

出雲大社

「この国は天の神の子が治めるべき国である。そなたは国を譲るのか否か」

と、大国主命に迫った。

それに対して大国主命は、返事は自分のふたりの子供、事代主神《ことしろぬしのかみ》と建御名方神《たけみなかたのかみ》に聞いてほしいと答える。

事代主神は、すぐさま国を譲ると答えた。建御名方神は建御雷神に力比べを申し込むものの、敗れて諏訪湖まで逃げ、国譲りに同意した。

子供たちの返事を聞いた大国主命も国譲りを約束するが、ひとつだけ条件を出した。自分の隠居所として、天の神が住むような立派な宮殿を建ててほしいと願ったのである。このときの大国主命の宮殿が、出雲大社の起源になったと伝えられている。

◆大和による出雲の政権平定の物語か

国をつくったとされているにもかかわらず、大国主命はどうしてその統治権を天の神に譲り渡さなければならなかったのだろうか。「国譲り」の中で、もっとも不思議だといわれている点だ。

これについては、さまざまな解釈がなされている。そのひとつが、**長い間かかって大和政権が出雲政権を平定した史実を神話の形を借りて集約したのではないか**というものだ。

もちろん大和政権が平定した地方政権は出雲だけではない。それなのに、出雲についてだけ詳しく書かれているのは、数ある地方政権の中でも、出雲がずば抜けて強く、手ごずったからだともいわれている。

縄文時代の遺跡が多数発掘されていることからもわかるとおり、このあたりは早くから文化が発達していた土地である。古墳の特徴は、大陸との交流があったことも示して

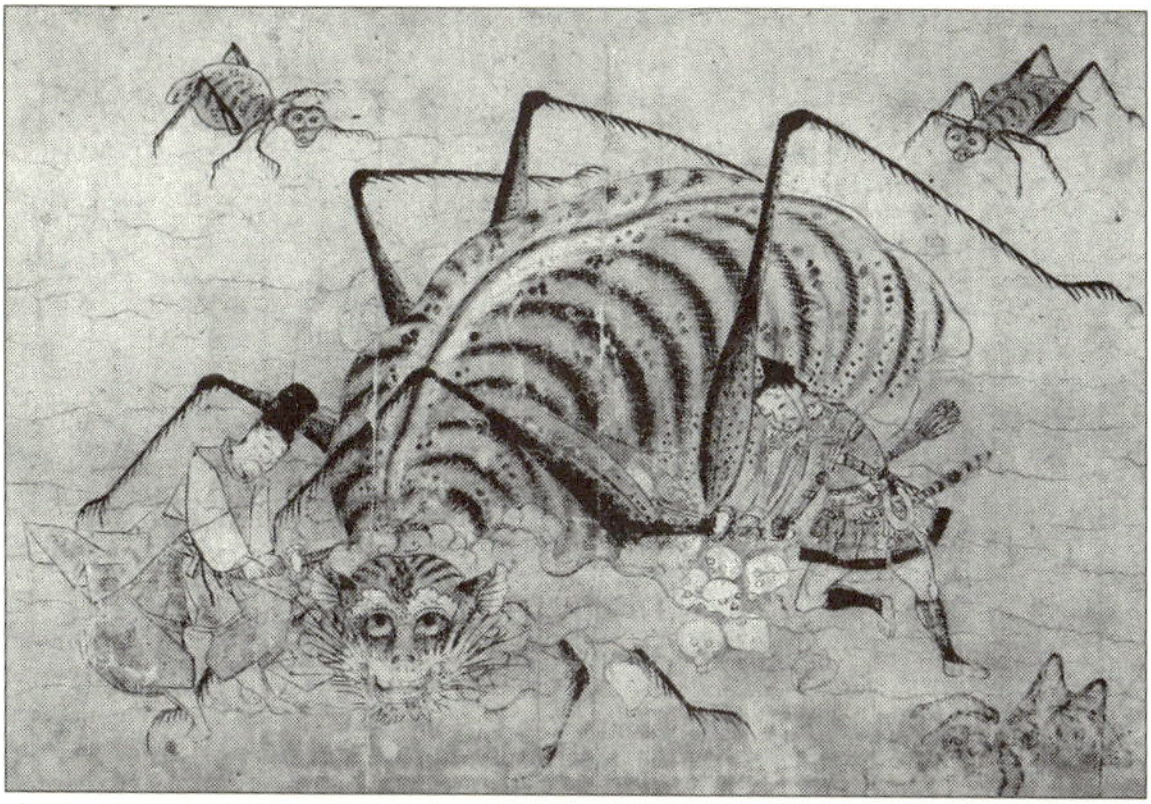
古代、大和朝廷は、服従しない辺境の人々を「土グモ」と呼び、退治という名の征伐をおこなったりした。

いる。出雲が大和政権を脅かすような強力な国であったことは想像に難くない。

出雲大社に伝わる縁起によれば、宮司は代々出雲氏の子孫が受け継いできたのだという。出雲氏は5世紀末～6世紀にかけて出雲を支配した豪族で、大和政権に下ったのは6世紀末のことだと伝えられている。

天武天皇が『古事記』や『日本書紀』の編纂を命じたのは7世紀末。時代的に見ても、出雲平定が取り上げられた可能性は十分にある。

とはいえ、神話にあるようにあっさりと国を渡したのではなく、実際は血で血を洗うような激しい戦いが繰り広げられたのではないだろうか。

◆いまも残る神話のなごり

出雲には神話にまつわる場所や神事が、いまも多く残っている。

美保神社でおこなわれる神事は、事代主神のエピソードに由来するものだ。また、出雲大社から西の方向にある稲佐の浜は建御雷神が降り立ち、建御名方神と力比べをした浜だといわれている。

現在の出雲大社の御本殿は１７４４年に再建されたもので、24メートルの高さを持つ。これでも十分に大きいが、平安時代には倍の高さがあったといわれ、それ以前はもっと大きかったのだという。

これも神話の域を出なかったのだが、２０００年に境内からかつての柱が発掘され、その大きさから推定すると、**48メートルの神殿**もありえない話ではなくなってきた。

神話として語り継がれる物語の裏には、生々しい歴史の素顔が隠されているのかもしれない。

人の恨みが猫に移った化け猫騒動

【佐賀県】

◆塚に彫られた化け猫の謎

猫はたたる、化けるという。

怪談話にはいろいろな化け猫が登場するが、現実に猫が化け物となり、主人の代わりに恨みを晴らしたという話がある。場所は九州だ。

ＪＲ長崎本線の肥前白石駅を下車して白石町役場方向に歩く。商店街を抜けた路地裏にＳ寺という寺がある。ごくふつうの小さな寺だ。境内に入ると、右手に塚がある。近づくと**「猫大明神」**の文字が刻まれ、その下には猫の姿が彫られているのがわかる。

ただし、よく見るとふつうの猫ではない。**尾が7つにわかれた七尾の猫**である。それだけではない、口も異様に大きく裂け、なにやら鬼気迫る表情を浮かべている。

これこそが、鍋島藩における猫騒動で有名な化け猫の姿なのだ。

◆主人の首をくわえて持ち帰る

話の舞台は、白石の秀屋形《ひでやかた》という屋敷である。現在の佐賀県杵島《きしま》郡白石町にあった。

ときは1640年ごろというから、肥前三十五万石鍋島家の初代藩主鍋島勝茂の時代だ。碁が好きだった勝茂は、家臣のひとり龍造寺又一郎と碁を打っていた。ところがその最中に些細なことから口論が始まり、勝茂は又一郎をその場で斬り捨ててしまう。

又一郎にとってはなんとも無念な話だが、その又一郎の首を、かわいがっていた猫がくわえて又一郎の母のもとに届けた。もちろんそれを見た母親はたいへんに悲しがり、自分も自害して果ててしまう。

その怨念がとりついたのが、その猫だった。**化け猫**となり、鍋島家に次々と不幸をも

猫塚に刻まれた七尾の猫（写真：Erbaf）

たらす恐ろしい存在となったのだ。

まず、勝茂の子供が突然死んだ。そして、勝茂自身も病気になり床につく。ほかにも、**さまざまな怪異現象**が起こったのである。

これをなんとかしようとして家臣は寝ずの番をするのだが、どういうわけか夜になると誰もが寝入ってしまい起きることができない。これも化け猫のたたりなのだろうか。

そんな中、千布本右衛門《ちぶもとえもん》という家臣だけは、太腿を脇差で刺して眠気を追い払っていた。その甲斐あって千布は、ついにたたりをなす者の正体を見るのだが、それは勝茂の側室である豊の方だった。

猫は豊の方を食い殺してその体に乗り移

り、その姿を借りてさまざまなたたりをしていたのである。千布は化け猫を退治し、その結果、病床にあった勝茂は快方に向かい、怪異現象もようやくおさまった。

これがこの地方に伝わる化け猫伝説である。

◆猫を殺した家の人間もたたられた

その話の背景になるのは、肥前を中心とした九州における最大勢力のひとつ龍造寺家と鍋島家との確執である。

かつて最大勢力のひとつだった龍造寺家は、「沖田畷《なわて》の戦い」で当主をはじめとする実力者が次々と戦死してしまう。

生き残った重臣鍋島直茂は、病弱だった龍造寺政家に代わって国政の実権を握るようになる。

そして、1607年に政家が病死すると、ついに龍造寺家は滅んでしまい、代わって鍋島家が実権を握ることになったのだ。

とはいえ、両者の間には根深い対立が残った。ただならぬ遺恨が化け猫の話と重なって伝えられてきたのである。

しかし、化け猫騒動の話は、鍋島家と龍造寺家の関係だけではすまなかった。化け猫を退治した千布家はたたられてしまい、**代々、跡継ぎの男子が産まれなくなってしまった**のだ。

本右衛門が化け猫を刺し殺したときに、その断末魔の悲鳴とともに、猫は「七代たたって一家を取り潰して、この恨みを晴らしてやる」と叫んだという。

佐賀藩の祖・鍋島直茂。すべての始まりはこの人物といえる。

そこで祠をたてて猫の供養をした。それが時代を経て、S寺の塚につながっているのだ。祠に残る化け猫の姿が、目つきが鋭く、尾が7つにわかれた異様なものになったのは、そのたたりへの恐怖のためであろう。

最初の猫塚は、化け猫の死骸を埋めた秀屋形の鬼門にあたる敷地に「猫大明神」としてつくられたものだった。

現在残っている猫塚は、千布家の七代当主が1871年に再建したものである。佐賀の化け猫の話はその後有名になり、映画や舞台にもなった。

◆化け猫より恐い人間の執着心

ところで、恐ろしいのは化け猫ばかりではない。**本当に恐ろしいのは猫にとりつくほどの深い執念を持つ人間のほうである。**

龍造寺政家が病死して佐賀藩の実権は鍋島家が握ることになったが、その政家の父親は鍋島家の勢力が強まることに絶望して妻を刺し殺し、自分も自害しようとして失敗している。しかも死んだ妻の幽霊に苦しめられるようになり、結局は自害に失敗したときの傷がもとで命を落としているのだ。

権力に対するこれほど深い執着心があるからこそ、その恨みが猫にとりついたというわけである。

捨てられた人形が集まる人形寺

【和歌山県和歌山市】

◆何万体もの人形を供養する寺

いろいろな玩具の中で、人形は人間の形をしているだけあって不思議な話や奇妙な話が多い。持つ人の思いが込められ、それが説明不能な話を生み出すのだろうか。

人形にまつわる話の中でも、ひときわ異様なのが髪の毛が伸びる人形である。一般に知られる話は全国にいくつかあるが、中でも有名なのは和歌山県和歌山市加太《かだ》にあるものだ。

和歌山市の郊外、大阪府と和歌山県との県境に近いところに加太という小さな町がある。瀬戸内海に向かって突き出し、淡路島と向き合うような位置にあるこの町の、そのもっとも西にあたる場所に淡嶋神社という古い神社がある。

そのいわれは神功《じんぐう》皇后の時代、つまり2世紀から3世紀のころにまでさかのぼる。

神功皇后が大陸への出兵から帰ってくるとき、瀬戸内海にさしかかると激しい雨風に巻き込まれた。船はいまにも沈みそうなほど揺れている。そんな中で皇后は神に祈りを捧げた。すると神より「船の苫《とま》（雨風を防ぐ覆い）を海に投げ込み、それが流れていく方向に船を進めなさい」というお告げがあった。

そのとおりにすると、船はやがてひとつの島に無事たどり着く。それは友ヶ島という島で、少彦名命《すくなひこなのみこと》と大己貴命《おおなむじのみこと》が祀られていた。皇后は御礼の気持ちをこめて、大陸より持ち帰った宝物を供えたという。

のちに、皇后の孫にあたる仁徳天皇が友ヶ島に立ち寄ったとき、それらの話を耳にして「こんな島では何かと不自由だろうから、お社を対岸に移したほうがいい」と考え、新たに加太に神社をつくった。それが現在の淡嶋神社となったといわれる。

祭神である少彦名命は医薬の神であり、現在はとくに女性の病気回復、安産祈願など

淡嶋神社境内に並んだ人形（©KENPEI and licensed for reuse under Creative Commons Licence）

で知られている。

◆人形は人に害をなすものではない

しかし、それだけではない。この神社を訪れた人は、ある奇妙な光景に出会うことになる。

それは、社やその周辺など境内にびっしりと並べられた人形だ。ここは、全国的にも有名な**人形供養の神社**なのである。

日本人形や雛人形、市松人形、中には西洋人形やぬいぐるみまで置かれている。その人形を愛した人が亡くなった、あるいは何らかの理由で手離さなくてはならなくなったなど、いろいろな理由でここに運ばれ、供養される人形は数限りない。その数は**約30万体以上**にもなるという。

そんな人形たちの中で、ひときわ異彩を放っているのが髪の毛が伸びる人形である。見た目は小さめのハワイアン人形のようなもので、頭が大きく、子供のような印象がある。とくに恐ろしい姿をしているわけではない。

ところが、この**人形の髪の毛が、じつは少しずつ伸びている**のである。過去にテレビ番組でも取り上げられており、数年を隔てたふたつの映像を見比べることで実際に髪が長くなっているのが確認されているのだ。

また、淡嶋神社の公式ホームページにも、この人形のことは紹介されている。

そこには、

『「人形は見てもらったり遊んでもらったりするために、生まれてきたもの」であり、まわりの人からの「注目を集める為に何らかの奇怪的な事を起こすこと」がある、だからといって「悪い事を起こす人形」はない』

と書かれている。

確かに、人に悪事を働くということはない。しかし、人形の髪が伸びるというからには、その人形を持っていた人の何らかの念がこもっているのではないかと考えさせられる。

30万体以上もの人形が集められ、いまも毎年供養に訪れる人が絶えないというからには、これからもそんな人形が現れないとも限らない。

◆お菊人形にまつわる悲しい過去

同様の人形は、ほかにもいくつかある。たとえば北海道空知郡岩見沢市の萬念寺にあるお菊人形もよく知られている。

1918年に、北海道在住のある人が自分の妹である菊子のために人形を買って帰った。菊子はその人形をたいへんかわいがったが、翌年には病気で死んでしまう。

兄はその人形を妹と思って毎日拝んでいたが、あるとき、人形の髪の毛が伸びていることに気づいたのだ。兄はその後、戦争が始まると地

お菊人形（佐藤有文解説『奇跡の霊現象』より）

元の萬念寺に妹の遺骨と人形を預けて樺太へ渡る。

終戦後、帰国した兄が寺を訪れると、人形の髪の毛は前よりもさらに伸びていた。これも数年を隔てた写真があり、確かに髪の毛が伸びていることが確認できる。現在も萬念寺に残っているその人形も、ときどきマスコミで取り上げられることがある。

髪が伸びる理由についても、本当に妹の思いがこもっているからだとする説がある一方で、古い人形には毛根のついた本物の人毛が使われており、その毛根に接着剤が付着して栄養分となって伸びたとか、湿気で伸びたなど、いくつかの「科学的」な説がある。しかし、いまだに決定的な理由が判明していない。

こういった話が点在しているのは、やはり人形がもつ不可思議なイメージと関係があるからだろう。人間は古くから人形と関わりを持ってきたが、縁が深いだけに、これからもこういった話が生まれるに違いない。

カッパは実在する？ 証拠のミイラたち

【佐賀県伊万里市】

◆善と悪の両面を持つカッパ

実在するのか、しないのか、いまだに議論の的となるもののひとつが、カッパだ。本来は「水神」として位置づけられていたもので、鬼や天狗と同じように「妖怪」の一種だ。しかし、「川（かわ）」と「童（わらは）」＝「わっぱ」が組み合わされてできたカッパという呼び方からもわかるように、人間に身近な存在として親近感を持たれることが多く、カッパにまつわる伝承や目撃談は昔から全国に数多く伝わっている。

全身が緑色をした子供ほどの体型で、頭には皿をのせ、指と指の間には水かきがある。口は短いくちばしのような形をしており、背中には甲羅のようなものを背負っている。これが多くのカッパに共通した外見だ。

相撲が好きで、河原で遊んでいる子供を相手に相撲をとる、という牧歌的な一面があり、また、カッパを助けると、その返礼として薬の製法を教えてくれたり、珍しい魚をとってきてくれたりするなどの話も少なくない。さらに、地方によっては人間に化けるというカッパの話もある。

その一方で、**人間を襲って川に引きずり込む**、あるいは人間の肝（内臓）を食うという恐ろしい存在として知られている。

中には、口減らしのために殺された子供の遺体が河原にうち捨てられていたのを他の子供たちに悟られないためにつくられた嘘だった、という話もある。

また、九州の福岡県にはとくにカッパの伝説が多く、筑後川近辺には集団で生活していたカッパの話も残っていることから、カッパとは本来、何らかの少数民族だったのではないかという説もある。

いずれにしてもいまだにその正体が不明のままのカッパだが、目撃談もあとを絶たな

カッパは水かきのついた指、頭に皿を持つ。（鳥山石燕画）

い。果たして実在するのかどうか、その結論は出ていないが、しかし実在することを裏付けるものが残っている。それは、**カッパのミイラ**だ。

◆カッパのミイラ？

佐賀県伊万里市の造り酒屋に、カッパのミイラといわれるものがある。

現在の当主が１９５３年に母屋の屋根の葺き替え工事をおこなった。そのとき、梁の中に見慣れない黒い箱を発見したという。

古くなった紐でしっかりと閉じられた箱には「河伯」という文字が書かれていた。「河伯」とは水神をさす言葉だが、またカッパそのものを示す言葉でもある。中に何が入っているのかと思い開いてみると、一体のミイラが現れたのだ。

体長は約70センチ、頭蓋骨の中央部分がへこんでおり、まさにカッパの「皿」を思わせる。さらに背中には16個の背骨が突き出ていて、見ようによっては「甲羅」のようだ。前足は5本指だが後ろ足は3本指で、しかもそれぞれの指の間には水かきがついている。

全身を眺めてみると、もちろん人間には見えない。かといって魚や、その他の動物でもない。ふだんはなじみのない、奇妙な生き物の形をしている。

「これは、どう見てもカッパだ」

当主はそう考えた。造り酒屋にとって、水にちなんだカッパは縁起がいい。そこで当主は、このカッパのミイラをありがたく祀ることにしたのである。

カッパの手の部分のミイラといわれるものは、各地にいくつか残されている。しかし、全身のミイラというのは、じつはこれが唯一だ。

この造り酒屋の一族は、もともとは筑後国《ちくごのくに》（現在の福岡県）田尻村をおさめる豪族だったという。その付近には飯江川という川が流れているが、そこは昔からカッパにまつわる言い伝えが多い場所だという。だとすれば、この土地の実力者だった一族がカッパの

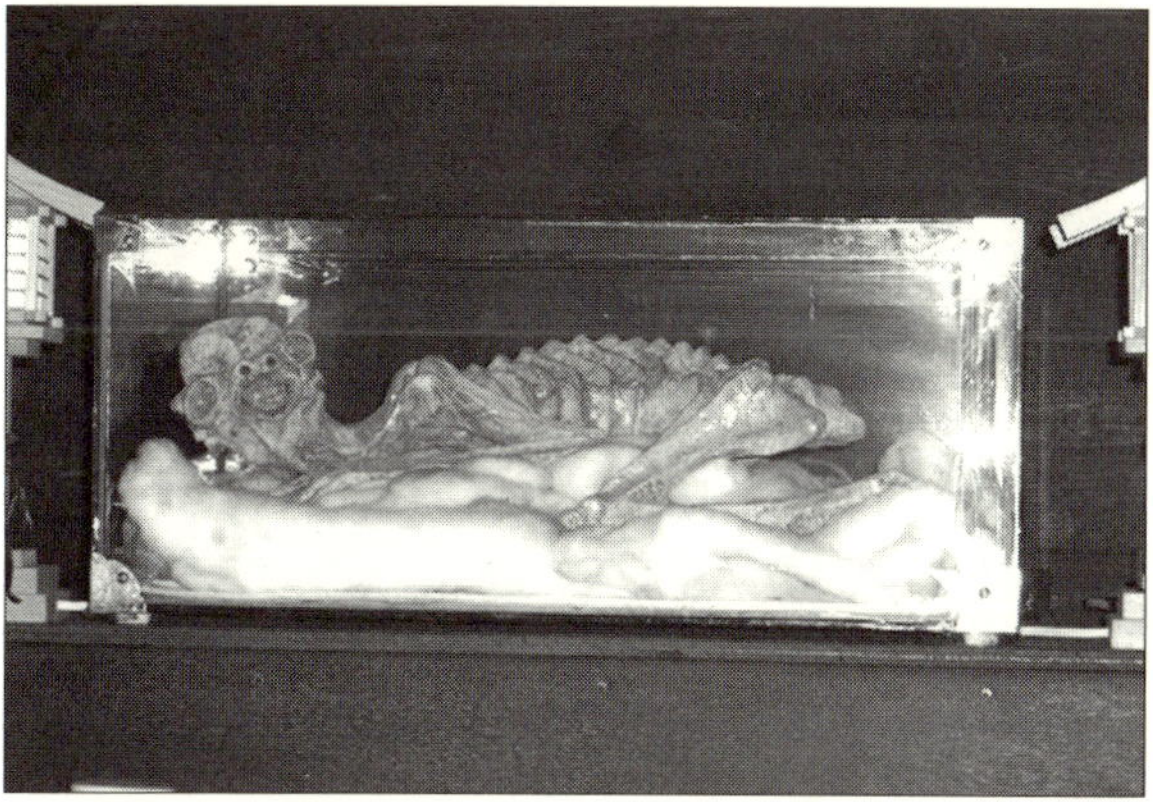

カッパのミイラ（写真:KAYA）

ミイラを手に入れることも十分に考えられるわけだ。

◆菅原道真を助けたカッパの伝説

このほかにも、同じ九州にはカッパの手のミイラがふたつ存在する。

いずれも細長い指が４本あるものの、手の平にあたる部分はない。

人間のようであり人間ではない奇妙な動物の手である。体の部分は残っていないので、それがカッパの手だと断定はできないが、しかしどちらもカッパの手のミイラとして伝えられているものだ。

そのうちのひとつが残っているのは、福

岡県南西部の北野町にある北野天満宮だ。

名前からわかるとおり、太宰府天満宮同様に菅原道真が祀られている神社だ。そしてカッパの手も、じつは**菅原道真**と関係がある。

藤原時平の陰謀によってその地位を追われ、太宰府に左遷されることになった菅原道真は、901年、わずかな家来たちとともに九州へ向かった。

大分から入った道真は筑後川を下り、北野で船を下りようとした。ところが時平が送った追手が道真一行を急襲する。時平は、何とかして道真を暗殺しようとしていたのだ。迎え撃つ準備などしていなかった道真一行は、突然のことにあわてふためいた。もはやこれまでかと思われたとき、筑後川に住むカッパが現れ、道真側に加勢をして戦ったのだ。

カッパの活躍により道真は命を救われたが、しかしカッパは手首を切り落とされて命を落としてしまう。

道真は自分を救って死んだカッパを不憫に思い、その手首を拾って手厚く供養した。それが現在、北野天満宮に残っているカッパの手のミイラの由来である。

北野天満宮では現在、道真の魂を慰めるための「おくんち」という祭りが毎年10月に

岩手県遠野市にあるカッパ淵。ここにもかつてカッパが出たといわれている。このような場所は日本各地に散在する。

おこなわれるが、この祭りのとき、大名行列の先頭ではカッパの装いをした人が踊る。これは道真を救ったカッパに対する感謝の意だといわれている。

この付近の人々にとってカッパはけっして悪さをする生き物ではなく、昔もいまも親しみをもって語られているのである。

ところが、もうひとつのカッパの手のミイラは少し異なる。これは人間に害を及ぼしたカッパの手だといわれているのだ。

◆カッパは人間を川に引きずりこむ？

もうひとつが残されているのは、福岡市中央区にある清龍寺という小さな寺である。

北野天満宮の手と同じような形と大きさだが、これとは別に、手首から先の部分の骨も残っている。同じカッパの両手と思われるが、なぜ片方がミイラ化し、もう片方が骨になっているのかは謎だ。

このカッパにまつわる話は、約400年前にさかのぼる。そのころ、この地の藩主だった小早川隆景《たかかげ》は、現在の福岡市東区あたりにあった名島城《なじまじょう》に住んでいた。城の近くには川が流れており、隆景にとってちょうどいい遊び場だったという。

ある春の日のこと、いつものように隆景の一行が舟遊びをしていると、川の中からカッパが現れ、隆景がもっともかわいがっていた侍女を川の中に引きずり込んで連れ去った。驚いた隆景は家来や町人に命じてカッパと侍女の行方を捜させた。しかし、ついに発見できなかったという。

そこで、隆景は名島にあった観音院の高僧にカッパを封じるための祈祷をさせたところ、祈祷を始めて21日目に川に**カッパの死体が浮いた**のだ。しかし結局、侍女のほうは発見されなかった。隆景はたいそう嘆き悲しみ、憎いカッパの手首を切り落として観音院に祀ることで、侍女の供養としたのである。

「カッパ寺」とも呼ばれる東京の曹源寺に置かれた賽銭箱。きゅうりが供えられている。

その後観音院は場所を変えて清龍寺と名前を改めたが、カッパの手のミイラはいまもそのまま残っているというわけだ。そして現在も、毎年の夏祭りには一般公開もされている。

カッパといえば、人間を川に引きずり込んで尻から内臓を取り出すといわれるが、このとき川に引きずり込まれた侍女はたいへんな美貌で、隆景の一番のお気に入りだったといわれる。カッパとはいえ、その美貌に惑わされたのではないかともいわれている。

道真を救ったカッパとは対照的な話だが、しかし、どこかに人間味が感じられるのは、カッパという生き物がもつ特徴だともいえる。

本当に実在するのかどうかわからないカッパだが、そのミイラと、それにまつわる伝説は、人々とカッパとの生々しい交流を伝えている。

いずれにしても、カッパが日本人にとって常に身近な存在であることだけは間違いないようだ。

【参考文献】

『明治百年の歴史　明治編』（講談社）、『山川　日本史小辞典』（日本史広辞典編集委員会編／山川出版社）、『伝説を旅する』（鳥居フミ子／みやび出版）、『てくてく歩き3　日光・戦場ヶ原・奥鬼怒』（ブルーガイド編集部編／実業之日本社）、『るるぶ情報版　青森・津軽・十和田湖'07』（JTBパブリッシング）、『歴史散歩2　青森県の歴史散歩』（青森県高等学校地方史研究会編／山川出版社）、『三重県の歴史』（稲本紀昭・駒田利治・勝山清次・飯田良一・上野秀治・西川洋／山川出版社）、『ふるさと文学館　第三巻【青森】』（工藤英寿責任編集／ぎょうせい）、『日本史の現場検証2明治・大正編』（合田一道／扶桑社）、『検証　藤村操』（平岩昭三／不二出版）、『平家物語を歩く』（松尾葦江監修／JTBパブリッシング）、『源平　海の合戦』（森本繁／新人物往来社）、『物語日本の歴史　第九巻』（笠原一男編／木耳社）、『黒田悪党たちの中世史』（新井孝重／日本放送出版協会）、『謎が謎を呼ぶ古代を解く』（黒岩重吾／PHP研究所）、『図解　戦国合戦50』（新人物往来社）、『歴史散歩24　三重県の歴史散歩』（三重県高等学校日本史研究会編／山川出版社）、『ふるさと文学館　第28巻【三重】』（藤田明責任編集／ぎょうせい）、『古典の世界を歩く（下）』（尾崎左永子・柳瀬万里／小学館）、『るるぶ情報版　伊勢志摩'09』（JTBパブリッシング）、『木曾義仲のすべて』（鈴木彰・樋口州男・松井吉昭編／新人物往来社）、『歴史散歩21　岐阜県の歴史散歩』（岐阜県高等学校教育研究会地歴・公民部会、地理部会・編／ぎょうせい）、『図解　日本人なら知っておきたい古事記』（島崎晋／洋泉社）、『からくり読み解き古事記』（山田永・おのでらえいこ／小学館）、『面白いほどよくわかる古事記』（吉田敦彦監修／島崎晋／日本文芸社）、『タビリエ　松江・出雲』（JTBパブリッシング）、『るるぶ情報版　岐阜'09』（JTBパブリッシング）、『首相官邸』（江田憲司・龍崎孝／文藝春秋）、『首相官邸・今昔物語』（大須賀瑞夫／朝日ソノラマ）、『朝日ジャーナル1965年6月13日号』（朝日新聞社）、『てくてく歩き8　伊豆七島・小笠原』（ブルーガイド編集部編／実業之日本社）、『幽霊は足あとを残す』（小池壮彦／扶桑社）、『戦国金山伝説を掘る』（今村啓爾／平凡社）、『古事記・日本書紀を歩く』（林豊／JTBパブリッシング）、『読める年表・日本史』（自由国民社）、『日本怪奇幻想紀行　二之巻　祟り・呪い道中』（角川書店）、『日本怪奇幻想紀行　三之巻　幽霊・怨霊怪譚』（角川書店）、『日本怪奇幻想紀行　五の巻　妖怪・夜行巡り』（角川書店）、『東京魔界案内』（三善里沙子・小松和彦／光文社）、『日本魔界案内』（小松和彦／光文社）、『伝説探訪　東京妖怪地図』（荒俣宏監修／祥伝社）、『河童の研究』（大野桂／三一書房）、『その時歴史が動いた17』（NHK取材班編／ＫＴＣ中央出版）、『織田信長事典』（岡本良一・奥野高廣・松田毅一・小和田哲男編／新人物往来社）、『図説 織田信長』（小和田哲男・宮上茂隆編／河出書房新社）、『織田信長合戦全録』（谷口克広／中央公論新社）、『歩く旅シリーズ　比叡山を歩く』（山と渓谷社）、『タビリエ22　近江・琵琶湖』（ＪＴＢパブリッシング）、『比叡山延暦寺』（渡辺守順／吉川弘文館）、『百寺巡礼　第四巻滋賀・東海』（五木寛之／講談社）、『検証　島原天草一揆』（大橋幸泰／吉川弘文館）、『島原の乱』（神田千里／中央公論新社）、『少年天草四郎の決起』（小西聖一／理論社）、『マップルマガジン　長崎 雲仙・島原 佐世保・対馬・五島』（昭文社）、『ビジュアルブック　語り伝える空襲　第5巻　人類初の核攻撃―広島・長崎の原爆と中国・九州の空襲』（安斎育郎／新日本出版社）、『修学旅行で行ってみたい日本の世界遺産⑤』（本田純・小松亮一・清野賢司／岩崎書店）、『広島爆心地 中島』（原爆遺跡保存運動懇談会／新日本出版社）、『街道の日本史41　広島・福山と山陽道』（頼祺一編／吉川弘文館）、『大江戸魔方陣』（加門七海／河出書房新社）、『江戸の陰陽師』（宮元健次／人文書院）、『江戸を歩く』（田中優子／集英社）、『京都「魔界」巡礼』（丘眞奈美／ＰＨＰ研究所）、『流人100話』（小石房子／立風書房）、『勘九郎ぶらり旅』（中村勘九郎／集英社）、『図説 平家物語』（佐藤和彦／河出書房新社）、『宮崎勤裁判　上・中・下』（佐木隆三／朝日新聞社）、『夢のなか』（宮崎勤／創出版）、『密室』（森毅／春秋社）、『改訂版　宮崎勤精神鑑定書』（瀧野隆浩／講談社）、『常紋トンネル』（小池喜孝／朝日新聞社）、『おれは、にんげんだ』（小松豊／草の根出版会）、『美幌峠殺人事件』（木谷恭介／双葉社）、『全線ガイド　北海道　列車の旅』（矢野直美／北海道新聞社）、『富士山よもやま話』（遠藤秀男／静岡新聞社）、『青木ヶ原樹海を科学する』（早野梓／批評社）、『マンガ日本の歴史35　田沼の政治と天明の飢饉』（石ノ森章太郎／中央公論新社）、『史話日本の歴史20　飢饉の生き地獄』（清原康正／作品社）、『2008年自殺統計』（警察庁）、朝日新聞、読売新聞、毎日新聞、日本経済新聞、夕刊フジ、日刊ゲンダイほか

【参考ＵＲＬ】

「首相官邸 for Kids」　http://www.kantei.go.jp/jp/kids/
「天台宗」　http://www.tendai.or.jp/
「比叡山延暦寺」　http://www.hieizan.or.jp/

「広島平和記念資料館」 http://www.pcf.city.hiroshima.jp/

ほか

【画像提供先URL】

「AZ::Blog」http://www.overcube.com/wordpress/

「Erbaf 昆虫館」http://erbafl.mitarashidango.com/

「Tokyo Classic & 旅のアルバム」 http://classic.sblo.jp/

「風に向かって」http://blogs.yahoo.co.jp/kaya_bass

「現役男性保育士あきらのひとりごとブログ」 http://hoikuakira.blog74.fc2.com/

「城跡巡り備忘録」 http://www.geocities.jp/buntoyou/

「どこでも Walkin'」 http://walkin.way-nifty.com/walkin/

呪われた日本地図

平成 27 年 4 月 10 日　第 1 刷

編　者　怪奇ミステリー研究会

発行人　山田有司

発行所　株式会社　彩図社《さいずしゃ》

〒 170-0005　東京都豊島区南大塚 3-24-4 MT ビル
TEL:03-5985-8213
FAX:03-5985-8224

印刷所　新灯印刷株式会社

URL：http://www.saiz.co.jp
http://saiz.co.jp/k（携帯）→

ISBN978-4-8013-0031-6 C0126

本書は平成 21 年 7 月に弊社より刊行した書籍を文庫化したものです。